図解でわかる

障害児・難病児

二本柳 覚 編著

サービス

中央法規

はじめに

　先日、子どもと一緒にとあるテーマパークに行く機会がありました。40歳を過ぎた身としては堪えるものではありましたが、多くの子どもたちが楽しそうに過ごしている姿を見ることができ、ほほえましく感じました。このテーマパークでは待ち時間の短縮など、待つことが困難な発達障害のある子どもたちへの配慮もなされており、障害があっても気兼ねなく楽しめるサービス提供のあり方を感じられる日にもなりました。

　障害児や難病児に向けたサービスは以前に比べて大きく改善がされており、子どもの発達支援や、保護者の負担軽減に向けた取り組みが全国各地で進んでいます。一方で制度が煩雑化したことで、「自分の住んでいる自治体にはどのようなサービスがあるのか」「このサービスでは何をしてくれるのか」「自分の子どもに使えるものはどれか」など、サービスを的確に使うことが難しくなっていることも確かです。

「障害があっても元気に、その子らしく育ってほしい」という思いはすべての家族に共通していることでしょうし、その思いに応えて、お手伝いをすることは、保健医療福祉領域で働くすべての関係者の願いでもあるでしょう。そのためにも先述した家族の不安や疑問を解消することが最も重要なことであると考え、本書「図解でわかる障害児・難病児サービス」を企画した次第です。

本書では、障害児にかかわる制度、サービスについて、障害児にかかわろうとするさまざまな領域の専門職や学生、また障害のある子ども本人・家族にもわかりやすく、網羅的に示せるように心がけて制作しました。障害児に関する制度・サービスは福祉・医療・教育と幅広く、そして、それらが有機的に連携をしていくことが求められます。子どもでいられる時代はあっという間です。だからこそ、その限られた時間のなかでその子どもにとってよいものを提供できるように、多くの専門職に知っておいてほしい内容を詰め込みました。子どもを一番間近で支える家族が少しでも安心して子どもとかかわり続けることができるように、本書がお役に立てれば幸いです。

　最後になりますが、本書の制作にあたって、お忙しいなか、執筆の労を取っていただいた先生方に心より御礼申し上げます。

2023年10月

二本柳覚

図解でわかる障害児・難病児サービス 目次

はじめに

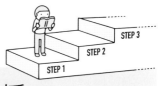

第 **1** 章 障害児・難病児の支援で
まず知っておきたいこと

第 2 章 障害児・難病児に関する疾患・障害

第 **3** 章 障害児・難病児に関する法制度

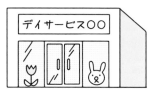

第 **4** 章　障害児・難病児サービスの使い方

第 5 章　児童福祉サービスの実践事例

第 **6** 章　子どもと保護者への
　　　　　支援のあり方

索引／執筆者一覧

障害児・難病児の支援で まず知って おきたいこと

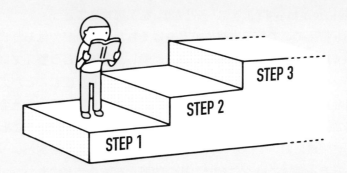

STEP 3

STEP 2

STEP 1

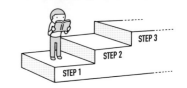

01

障害児の現状

▶ 障害児の定義

　障害児とは、どのような子どもたちをさすのでしょうか。障害児の定義は、児童福祉法第4条第2項によれば、**身体障害、知的障害、精神障害（発達障害を含む）**のほか、**障害の程度が難病を患っている方と同程度の18歳未満の児童**の総称です。さらに近年では、**小児慢性特定疾病**を抱える20歳未満の者にもさまざまな対策が講じられるようになってきました。

　障害児への支援は、児童福祉法にその根拠を求めることができますが、その他にも、**障害者の日常生活及び社会生活を総合的に支援するための法律**（以下、「**障害者総合支援法**」という）や発達障害者支援法などに基づく福祉的支援、さらに学校教育法などに基づく特別支援教育などがあり、多層的な福祉と教育の協働が欠かせません。

▶ 障害の有無にかかわらず、まずは「子ども期」を保障すること

　障害や疾病を抱えていても、当然、子どもはそれだけの存在ではありません。**子どもが子どもらしく成長・発達する権利をいかに保障し、環境をどう整えていけるか。**専門職のみならず、子どもにかかわるすべての人々が考え、取り組むことが大切です。つまり、障害の有無にかかわらず、可能な限り身近な場所で支援を受け、社会参加の機会を得ること、どこで誰と生活するかについての選択の機会が確保されることなどが求められます。さらに地域においてほかの人々とともに生き、制度や慣例といった**社会的障壁が除去される社会**を築いていくことで、社会的孤立を防ぐことにもつながります。

　このような基盤の上に、障害や疾病への理解を深めていくことで、さらに豊かな支援を展開していくことが可能となるのではないでしょうか。

障害児の定義と人数 図

第1章 障害児・難病児の支援でまず知っておきたいこと

第2章 障害児・難病児に関する疾患・障害

第3章 障害児・難病児に関する法制度

第4章 障害児・難病児サービスの使い方

第5章 児童福祉サービスの実践事例

第6章 子どもと保護者への支援のあり方

障害児の定義

	内 容	根拠法	年 齢
障害児	身体に障害のある児童	児童福祉法	18歳未満
	知的障害のある児童	児童福祉法	
	精神に障害のある児童	児童福祉法	
	発達障害があり発達障害および社会的障壁により日常生活または社会生活に制限を受ける児童	児童福祉法 発達障害者支援法	
	治療方法が確立していない疾病その他の特殊な疾病であって、障害の程度が厚生労働省が定める程度である児童	児童福祉法 障害者総合支援法	
小児慢性特定疾病児童等	当該疾病にかかっていることにより、長期にわたり療養を必要とし、およびその生命の危険が及ぶおそれのある者であって、療養のために多額の費用を要するものとして厚生労働大臣が社会保障審議会の意見を聴いて定める疾病にかかっている児童等	児童福祉法	20歳未満

障害児の人数

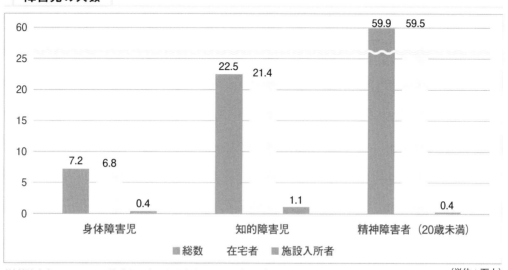

（精神障害者については、施設入所者を入院患者数に置き換える）　　　　（単位：万人）

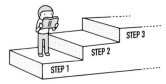

02

障害児支援の始まり

篤志家による障害児支援の萌芽

日本の障害児支援は、教育分野と一体的に行われてきました。福祉的側面も教育的側面も、障害の有無にかかわらずどの子どもたちにとっても、**よりよく生きる（= well-being）** ために必要な要素といえます。

日本の知的障害児のための初めての入所施設は、濃尾地方大地震（1891（明治24）年）による被災女児を救済するために**石井亮一・筆子夫妻**が同年に設立した**聖三一孤女学院**であるとされています。そのなかに知的障害の女児がいたことから、夫妻は渡米をして学び、1897（明治30）年に**滝乃川学園**と改称して、かれらの教育と生活の場を創りました。

一方、肢体不自由の子どもたちの**治療＋教育＝療育**に尽力したのが、**田代義徳**、**柏倉松蔵**、**高木憲次**の3人であるとされます。かれらは、日本初の肢体不自由児のための私設の学校として1921（大正10）年に**柏学園**の創設、1932（昭和7）年には初の公立学校である光明学校の開設に携わるとともに、現在は国立民営の総合的な医療療育相談機関として運営されている心身障害児総合医療療育センターの前身である**整肢療護園**の創設（1942（昭和17）年）にも寄与しています。

児童福祉施設としての障害児支援の始まり

1947（昭和22）年、児童福祉法が制定されるとともに児童福祉施設が規定され、そのうち知的障害児（当時の精神薄弱児）の入所施設として**精神薄弱児施設**が、身体虚弱または肢体不自由の児童を治療する施設として**療育施設**がそれぞれ位置づけられました。これにより、それまで主に篤志家をはじめとする心ある人々によって各地で運営されてきたものが、**国や都道府県の責任によって全国に設置が進められる**ことになりました。

障害児教育の萌芽

〈聴覚障害〉
1875年　京都の小学校内に
『瘖(いん)唖教場』設立

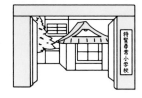

〈視覚障害〉
1878年　古河太四郎が京都に
『盲唖院』設立

〈知的障害〉
1891年　石井亮一・筆子夫妻が
『聖三一孤女学院』創設

〈肢体不自由〉
1921年　柏倉松蔵が
『柏学園』創設

児童福祉法に規定される児童福祉施設（障害者自立支援法以前の内容）

助産施設
乳児院
母子生活支援施設
保育所
児童厚生施設・児童養護施設・知的障害児施設
知的障害児通園施設・盲ろうあ児施設・肢体不自由児施設
重症心身障害児施設・情緒障害児短期治療施設
児童自立支援施設・児童家庭支援センター

第1章　障害児・難病児の支援で　まず知っておきたいこと

第2章　障害児・難病児に　関する疾患・障害

第3章　障害児・難病児に　関する法制度

第4章　障害児・難病児　サービスの使い方

第5章　児童福祉サービスの　実践事例

第6章　子どもと保護者　への支援のあり方

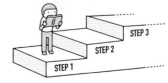

03

障害者総合支援法以前の障害児支援

▶ 公的な障害児支援の始まり

　日本で初めて「福祉」を冠した法律である**児童福祉法**には、前述のとおり入所施設としては、精神薄弱児施設（知的障害児施設）や療育施設（肢体不自由児施設）が規定され、その後も盲ろうあ児施設、重症心身障害児施設、さらに障害種別の通所施設が公的な障害児支援として設置されてきました。

　1972（昭和47）年には心身障害児通園事業に関して自治体の弾力的な運用が可能となったことで、**地域の実情に沿った障害児のための地域療育が整備**されていきます。

　1995（平成7）年には障害者プランのなかで国によって初めて市町村に障害児通園事業を整備する療育構想が打ち出され、それまでの心身障害児通園事業は**障害児通園（デイサービス）事業**へと名称変更することになりました。

▶ 障害児支援をめぐる混乱期

　2003（平成15）年には、**支援費制度**が導入されました。これにより、利用者がサービスを選択できるしくみへと転換されていきますが、障害児については保護者の存在が大きく、障害診断や保護者の障害受容が難しいこと、さらに被虐待児の場合には適切な利用契約に至らない可能性などが指摘され、施設入所は対象から除外されました。

　2005（平成17）年には障害者の福祉サービスの一元化を目指す**障害者自立支援法**が制定されたことによって、それまで児童福祉法に位置づいてきた障害児福祉のうち、障害児を対象とした居宅介護（ホームヘルプ）や短期入所（ショートステイ）などの在宅福祉（居宅生活支援）が障害者自立支援法へと移行されるとともに、新たに障害児のみを対象とした事業として**児童デイサービス**が創設され、**介護給付**に位置づけられました。

第1章 障害児・難病児の支援で まず知っておきたいこと

第2章 障害児・難病児に 関する疾患・障害

第3章 障害児・難病児に 関する法制度

第4章 障害児・難病児 サービスの使い方

第5章 児童福祉サービスの 実践事例

第6章 子どもと保護者 への支援のあり方

支援費制度導入時の対象サービス

行政が支援内容を決定する「措置制度」から、当事者の自己決定による「契約制度」への転換などを目的に導入された

		身体障害者福祉法	知的障害者福祉法	児童福祉法（障害児関係のみ）
支援費制度の対象サービス	施設訓練等支援	身体障害者更生施設	知的障害者更生施設	
		身体障害者療護施設		
		身体障害者授産施設 （小規模通所授産施設を除く）	知的障害者授産施設 （小規模通所授産施設を除く）	
			知的障害者通勤寮	
			心身障害者福祉協会が設置する福祉施設	
	居宅生活支援	身体障害者居宅介護等事業 （ホームヘルプサービス）	知的障害者居宅介護等事業 （ホームヘルプサービス）	児童居宅介護等事業 （ホームヘルプサービス）
		身体障害者デイサービス事業	知的障害者デイサービス事業	児童デイサービス事業
		身体障害者短期入所事業 （ショートステイ）	知的障害者短期入所事業 （ショートステイ）	児童短期入所事業（ショートステイ）
			知的障害者地域生活援助事業 （グループホーム）	

支援費制度の対象となった障害児サービスは、在宅サービスの3つだけにとどまりました。

障害者自立支援法施行時の障害児サービス

障害者自立支援法 〔区市町村〕

自立支援給付（介護給付）

- 児童デイサービス
- 居宅介護（ホームヘルプ）
- 短期入所（ショートステイ） など

児童福祉法 〔都道府県〕

通所サービス

- 知的障害児通園施設
- 難聴幼児通園施設
- 肢体不自由児通園施設（医）

- 重症心身障害児（者）通園事業（補助事業）

入所サービス

- 知的障害児施設
- 第一種自閉症児施設（医）
- 第二種自閉症児施設
- 育児施設
- ろうあ児施設
- 肢体不自由児施設（医）
- 肢体不自由児療護施設
- 重症心身障害児施設（医）

（医）とあるのは医療の提供を行っているもの

障害者総合支援法以前は、ほとんどの障害児施設が、種別ごとに分かれて運営されていました。

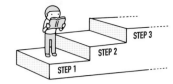

04

障害者総合支援法成立に伴う制度の移り変わり

▶ わかりやすいサービス体系へ

　障害者自立支援法が2012（平成24）年に障害者総合支援法へ改正されたことに伴い、障害児支援の通所・入所にかかわる制度については、児童福祉法にその根拠規定が一本化されました。同時に、これまで障害種別で分かれていた施設体系を見直し、通所・入所といった利用形態別に一元化が行われていきます。

　これにより現在は、**市町村を実施主体とした障害児通所支援**と、都道府県を実施主体とした**障害児入所支援**に枠組みが変更しました。

　一方、障害者総合支援法に基づくサービスは、障害者と同様に**居宅介護（ホームヘルプ）、同行援護、行動援護、重度障害者等包括支援、短期入所（ショートステイ）、各種相談や補装具の給付、医療費給付や地域生活支援事業等**が利用可能です。

▶ 現在の障害児支援の諸サービス

　その後も障害児およびその保護者、さらには関係者など、現場のニーズに呼応する形で、支援の拡充や新設が図られています。最近では2018（平成30）年の法改正によって、それまで訪問対象を保育所や幼稚園、学校、放課後児童クラブなどに限定していた**保育所等訪問支援事業**は、乳児院や児童養護施設などへと拡充が行われたり、重度の障害によって通所が困難な障害児に対してサービスを提供するため、通所ではなく**訪問支援員が居宅に訪問して必要な支援を行う居宅訪問型児童発達支援**が創設されました。

　このように、これまで制度の狭間でサービスを利用できなかった障害児等が利用可能となり、さらに適切な発達支援の機会提供が日々図られ続けています。

障害児サービス等の体系 図

2024年度の児童福祉法改正に伴い、児童発達支援センターの類型（福祉型・医療型）は一元化されます。

児童福祉法による障害児対象のサービス

障害児通所支援
- 児童発達支援
- 医療型児童発達支援
- 放課後等デイサービス
- 保育所等訪問支援
- 居宅訪問型児童発達支援

障害児入所支援
- 福祉型障害児入所施設
- 医療型障害児入所施設

都道府県
及び児童相談所を設置する自治体

障害児相談支援
- 障害児支援利用援助
- 継続障害児支援利用援助

※障害児通所支援（通所サービス）の利用についての相談

市町村

障害者総合支援法による障害児も対象となるサービス

自立支援給付

介護給付
- 居宅介護（ホームヘルプ）
- 同行援護
- 行動援護
- 重度障害者等包括支援
- 短期入所（ショートステイ）

自立支援医療
- 更生医療
- 育成医療
- 精神通院医療
※実施主体は都道府県等

相談支援
計画相談支援
- サービス利用支援
- 継続サービス利用支援

補装具

※居宅介護など、総合支援法上のサービスの利用についての相談

市町村

地域生活支援事業

**市町村
地域生活支援
事業**
※事業名は右図を参照

支
援

**都道府県
地域生活支援
事業**
※事業名は右図を参照

都道府県

地域生活支援事業

市町村地域生活支援事業
[必須事業]
- 理解促進研修　・啓発事業
- 自発的活動支援事業

- （市町村による）相談支援事業
  ① 基幹相談支援センター等機能強化事業
  ② 住宅入居等支援事業（居住サポート事業）

- 成年後見制度利用支援事業
- 意思疎通支援事業
- 日常生活用具給付等事業
- 手話奉仕員養成研修事業
- 移動支援事業　　など

※このほか（任意事業）あり

支
援

都道府県地域生活支援事業
[必須事業]
- 専門性の高い相談支援事業
- 専門性の高い意思疎通支援を行う者の養成研修事業／派遣事業
- 広域的な支援事業
- サービス・相談支援者、指導者育成事業　　など

※このほか（任意事業）あり

都道府県

児童発達支援センターは地域における障害児支援の中核的役割を担うことが明確化されます。

放課後等デイサービスは、今までどおりさまざまな活動を通して発達支援を行う「総合支援型」と、これまで以上に専門性をもった「特定プログラム特化型」に分けて整理される

第1章　障害児・難病児の支援でまず知っておきたいこと

第2章　障害児・難病児に関する疾患・障害

第3章　障害児・難病児に関する法制度

第4章　障害児・難病児サービスの使い方

第5章　児童福祉サービスの実践事例

第6章　子どもと保護者への支援のあり方

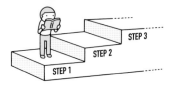

05

養護学校から
特別支援学校へ

▶ 障害種別の養護学校

　以前は、盲・聾・養護学校（知的障害／肢体不自由／病弱）と呼ばれ、障害児はそれぞれの障害特性に応じた学校に入学し、それぞれの学校制度と教員免許制度が設定されていました。1979（昭和54）年には都道府県に設置が義務づけられ、長年、障害種別ごとの教育が行われてきました。

　教育方法や学校生活など、障害種別に応じた取り組みが行われることによって、教育的効果を上げてきましたが、一方で、**児童生徒の障害の重度化や重複化、さらには障害のある児童生徒数の増加**への対応を余儀なくされました。そうしたなかで2007（平成19）年に誕生したのが、**特別支援学校**でした。

▶ 総合性と専門性を兼ね備えた特別支援学校へ

　特別支援学校は、盲・聾・養護学校の垣根を弾力化し、設置者の判断により、複数の障害種別を教育の対象とすることができる学校制度です。さらに教員免許状も一本化され、一つまたは二つ以上の障害についての専門性を確保するという、**総合性と専門性のバランス**に配慮したものとなりました。これにより、児童生徒の障害の重度・重複化に適切に対応した教育の充実が図られるようになったのです。

　また、特別支援学校には、その総合性と専門性を活かした**センター的機能**を発揮することが期待されています。具体的には、地域の小・中学校等に通う限局性学習症（SLD）、注意欠如・多動症（ADHD）等を含む多様な障害のある児童生徒等への指導・支援をはじめ、教員への支援、相談・情報提供、関係機関等との連絡・調整などが求められています。

特別支援学校 図

第1章 障害児・難病児の支援でまず知っておきたいこと

第2章 障害児・難病児に関する疾患・障害

第3章 障害児・難病児に関する法制度

第4章 障害児・難病児サービスの使い方

第5章 児童福祉サービスの実践事例

第6章 子どもと保護者への支援のあり方

盲・聾・養護学校から特別支援学校へ

学校制度	盲学校	聾学校	養護学校 知的障害、肢体不自由、病弱
免許制度	盲学校教諭免許状	聾学校教諭免許状	養護学校教諭免許状

・児童生徒の障害の重度・重複化　・障害のある児童生徒数の増加

〈2007年度以降の基本的な考え方〉

学校制度	特別支援学校 盲・聾・養護学校の制度を弾力化し、設置者の判断により、複数の障害種別を教育の対象とすることができる学校制度
免許制度	特別支援学校教諭免許状 一又は二以上の障害についての専門性を確保

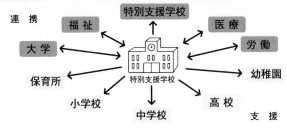

連携

福祉　特別支援学校　医療

大学　←　特別支援学校　→　労働

保育所　　　　　　　　　　幼稚園

小学校　中学校　高校

支援

通常の学級と特別支援学級と特別支援学校の違い

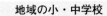

地域の小・中学校

通常の学級　　特別支援学級

特別支援学校

場合によっては、支援員が配置され、児童の学習や生活の支援を行うこともある

通級指導教室
通常の学級に在籍しながら、決まった時間だけ個別に指導を受け、障害の改善・克服を図る学習形態

交流および共同学習

児童・生徒のニーズに応じて、学習内容や方法を工夫し、少人数での学習を行う

交流および共同学習

障害のある児童・生徒の自立を図るために必要な教育を受けることができる

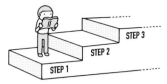

06

就学支援委員会

▶ 就学先の決定

　長い間、**一定の基準（＝就学基準）**に該当した障害のある子どもたちは、原則として盲・聾・養護学校／特別支援学校に就学することになっていました。しかし、分離教育を前提とするのではなく、**障害の状態や本人の教育的ニーズ、本人や保護者の希望、多角的な専門的意見、さらには学校や地域の状況等をふまえた、総合的な観点から就学先を決定するしくみ**が必要であるとして、2013（平成25）年9月に就学手続きが大きく変更されました。これに伴い多くの自治体では現在、**就学先決定には本人・保護者との合意形成を大原則**としつつ、早期からの教育相談・支援や就学後の一貫した支援についても助言を行う機関として、それまでの就学指導委員会を「**就学支援委員会／教育支援委員会**」などと名称変更して運用しています。

▶ 「交流及び共同学習」と「副次的学籍制度」

　障害のある子どもとない子ども、あるいは地域の障害のある人とがふれあい、ともに活動し、互いに尊重し合いながら協働して生活していく態度を育むために、2008（平成20）年の学習指導要領改訂以降、**交流及び共同学習**が明記されるようになりました。

　その結果、特別支援学校へ通う子どもが居住地域の小・中学校に行き、ほかの子どもたちと一緒に授業や学校行事に参加する**居住地校交流**などが盛んに行われるようになりました。さらにその発展的取り組みの一つとして、**特別支援学校等に通う障害のある児童生徒が居住地の小・中学校等にも自治体独自の学籍を置き、地域の一員として学び合う副次的な学籍制度**があります。地域によっての課題はあるものの、住み慣れた地域で「お客様」ではなく「一員」であると子ども自身が感じられる意義は大きいといえます。

就学先決定の流れ 図

第1章 障害児・難病児の支援でまず知っておきたいこと

第2章 障害児・難病児に関する疾患・障害

第3章 障害児・難病児に関する法制度

第4章 障害児・難病児サービスの使い方

第5章 児童福祉サービスの実践事例

第6章 子どもと保護者への支援のあり方

障害のある児童生徒の就学先決定について（手続きの流れ）

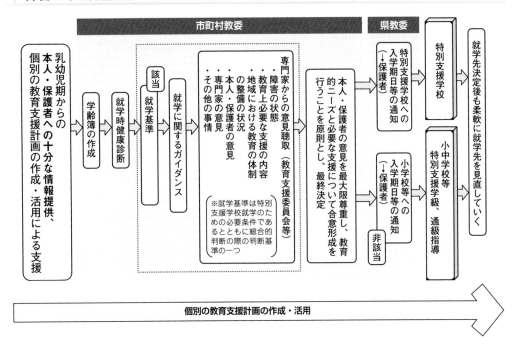

個別の教育支援計画の作成・活用

副次的学籍制度の成果と課題の例（小学部）

効 果	課 題
・地域の児童や保護者とつながることができた ・家庭で地域の児童と遊ぶ機会が増えた ・大勢の児童と一緒に活動を行うため、少人数だけでは味わえないさまざまな経験をすることができた ・同年代の児童同士が交流を行うことによって、刺激を受け、意欲的に活動に取り組むことができた ・特別支援学校児童から積極的にかかわろうとしたり、居住地校児童の話しかけに自分の言葉で返したりする姿が見られるようになった	・居住地校から毎回、教員の引率希望がある ・学校によっては、保護者の付き添いが負担になっているところもある ・居住地校教員の居住地交流や特別支援教育に対する理解の度合いによって、居住地校の受け入れ態勢や交流内容に差が出る ・特別支援学校児童が、「聞こえなかった」「わからなかった」ということを曖昧にしており、もう一度聞き返す経験を積ませる必要がある

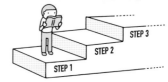

07
発達障害者支援法の成立

● 目に見えない「発達障害」への理解促進

　目には見えにくいアンバランスさを抱える発達障害児・者の適切な理解は、本人や保護者・家族でさえも、容易なことではありません。周囲から見ればなおさらです。知的な遅れや言葉の遅れがなければ、「マイペースな子」「読み書きが苦手な子」といった認識のまま発見が遅れ、何の手立てもなく就学・進学してしまう子どもたちも多くいます。その結果、学校生活への不適応が続き、少しずつ周囲とのトラブルが増え、自己肯定感も下がり、学力の低下や友人関係にも支障が生じてしまい、結果として、いじめや不登校といった事態に発展するといった二次・三次障害に至ることも少なくありません。

　このような現状が徐々に明らかになっていくなかで、保護者同士や支援団体などが連帯し、学校や教育委員会、さらに地方議員などへのはたらきかけが全国で展開されていきました。同時期、障害児の親でもある国会議員を中心とした超党派の連盟や勉強会なども開催され、社会的理解を促していった結果、早期発見・早期療育／支援につなげるため、**発達障害者支援法**が2004（平成16）年に制定、2005（平成17）年に施行されました。

● 障害は、個人にあるのか、社会にあるのか

　先述のとおり発達障害児が抱える問題は、その発達の偏り（＝特性）以上に、それによって日常生活や社会生活に支障が生じていることにあります。法の理念をふまえれば、「診断名は何か」と問題の原因を個人に求めるよりも、**「本人はどのようなことや場面に困っているのか」「どのような手立てがあれば、本人の持つ力を発揮することができるのか」**といった視点で社会側にある障壁を取り除くことが求められています。

第1章 障害児・難病児の支援で まず知っておきたいこと

第2章 障害児・難病児に 関する疾患・障害

第3章 障害児・難病児に 関する法制度

第4章 障害児・難病児 サービスの使い方

第5章 児童福祉サービスの 実践事例

第6章 子どもと保護者の への支援のあり方

発達障害者支援法成立までの流れ

| 1967年 自閉症児親の会の発足 | 1993年 障害者基本法の付帯決議として、「自閉症を有するものは、この法律の障害者の範囲に含まれるものとする」と決議 | 2003年 「今後の特別支援教育の在り方について（最終報告）」において、LD、ADHDなどを含めた特別支援教育への転換が示される | 2004年 厚生労働省と文部科学省の呼びかけによる「発達障害支援に関する勉強会」の開催 | 2004年5月 「発達障害の支援を考える議員連盟」の設立 | 2004年12月3日 発達障害者支援法成立 |

発達障害者支援法のねらいと概要

Ⅰ ねらい

- ○ 発達障害の定義と法的な位置づけの確立
- ○ 乳幼児期から成人期までの地域における一貫した支援の促進
- ○ 専門家の確保と関係者の緊密な連携の確保
- ○ 子育てに対する国民の不安の軽減

Ⅱ 概要

定義　発達障害とは、自閉症やアスペルガー症候群、学習障害、注意欠陥多動性障害などの、通常低年齢で発現する脳機能の障害

| 乳幼児健診等による早期発見 | 就学時健診における発見 | 早期の発達支援専門的発達支援 | 小中学校児童・生徒の6% | 特別支援教育体制の推進 | 放課後児童健全育成事業の利用 | 発達障害者の特性に応じた適切な就労の機会の確保 | 地域における自立した生活の支援 | 発達障害者の権利擁護 |

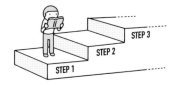

08

障害児福祉計画

▶ 障害児福祉計画とは

　もともと障害者については、自治体ごとにサービスの提供体制を計画的に構築できるように、都道府県・市町村で策定が進められていました。これに加えて社会情勢の変化に伴い、2016（平成28）年児童福祉法改正時に、障害児も同様に計画を策定することになりました。これが**障害児福祉計画**です。この計画では、**障害児の入所支援や通所支援および相談支援の提供体制の確保、またそれらを円滑に実施することを目的に**、具体的な目標値や見込み量、達成のための方策、医療機関や教育機関、その他の関係機関との連携などについても盛り込むことになっています。

▶ 第2期障害児福祉計画、そして第3期へ

　2021（令和3）～ 2023（令和5）年度で進められている第2期障害児福祉計画に係る基本指針では、特に障害児支援の提供体制の整備等が掲げられています。具体的には、①重層的な地域支援体制の構築を目指すための児童発達支援センターを各市町村に1か所以上設置、②全市町村で保育所等訪問支援を利用できる体制を構築、③各都道府県において難聴児支援のための中核的機能を果たす体制の構築、④主に重症心身障害児を支援する児童発達支援事業所や放課後等デイサービスを各市町村に少なくとも１か所確保、⑤各都道府県・圏域・市町村ごとに、医療的ケア児支援の協議の場の設置および医療的ケア児等に関するコーディネーターの配置、がそれぞれ成果目標として示されています。なお、第3期（2024 ～ 2026年度）の計画作成のための基本指針は、2023（令和5）年5月に告示され、各自治体は国の示す基本指針に基づき、各地の実情に併せながら、今後さらに計画的かつ現実的に取り組みを進めていくことが求められています。

障害児福祉計画の位置づけ例 図

第1章 障害児・難病児の支援で まず知っておきたいこと

第2章 障害児・難病児に 関する疾患・障害

第3章 障害児・難病児に 関する法制度

第4章 障害児・難病児 サービスの使い方

第5章 児童福祉サービスの 実践事例

第6章 子どもと保護者 への支援のあり方

地域によっては、障害福祉計画のみならず、地域福祉計画をはじめとした関連分野の各計画との連携・調整を図ったものとして策定されています。

その他の関連計画

- 教育振興基本計画
- 障害者活躍推進計画
- データヘルス計画
- 自殺対策推進計画
- 人権施策推進指針
- 健康づくり行動計画

など

関係する法律

- 障害者基本法
- 障害者総合支援法
- 児童福祉法

など

国・県の計画

- 障害者基本計画（国）
- ○○県障害者支援計画

第●次○○市総合振興計画

第●次○○市地域福祉計画

- 第●次○○市障害者計画
- 第●期○○市障害福祉計画・第●期○○市障害児福祉計画
- 子ども・子育て支援事業計画
- 高齢者保健福祉計画・介護保険事業計画

なおこの計画は、障害者総合支援法に基づいて策定される障害福祉計画と一体のものとして作成することができるとされており、厚生労働大臣による基本指針では、障害福祉計画と同じく3年をその計画期間としています。

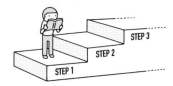

09

医療的ケア児に関する課題

医療的ケア児の増加と課題

　医療の進歩、さらに施設処遇から地域での生活重視への転換に伴い、重症心身障害児などの就学義務が1970年代後半から整備されるなか、その就学措置を巡って学校現場での課題が顕在化しました。1990年代初め、家族などが行っていた痰の吸引や経管栄養などの行為を教員が研修を受けて「教育行為の一環」として実施していたことから「**医療的ケア**」という言葉が生まれました。その後、看護師を中心とした体制づくりが進んでいきます。

　子どもたちの命が救えるようになったことは喜ばしい反面、法律や制度の整備が追いついておらず、家族の負担も大きいのが実際です。例えば、看護師不足やレスパイト入院の受け入れの困難さなどによって預け先がない、特に夜間の急変時の対応の難しさ、さらには相談場所が少ないなど、子どもも家族も安心して地域で暮らすことが難しい状況にさらされています。医療や保健、福祉、教育、労働など、さまざまな領域がさらに具体的に連携・協働して、支援基盤を確立していくことが急務です。

医療的ケア児支援法の制定

　このような現状を受け、2021（令和3）年に**医療的ケア児及びその家族に対する支援に関する法律**（以下、「**医療的ケア児支援法**」という）が制定・施行されました。本法律は、医療的ケア児を子育てする家族の負担を軽減し、医療的ケア児の健やかな成長を図るとともに、その家族の離職を防止する目的でつくられました。法整備に伴い、各都道府県において**医療的ケア児支援センター**の設置が「責務」となり、整備が進められることになりました。これからの体制づくりにさらなる期待が高まります。

在宅の医療的ケア児の推計値(0〜19歳)

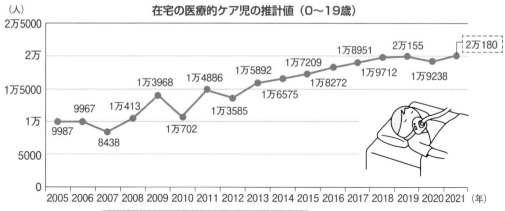

在宅の医療的ケア児の推計値 (0〜19歳)

(人)
- 2005: 9987
- 2006: 9967
- 2007: 8438
- 2008: 1万413
- 2009: 1万3968
- 2010: 1万702
- 2011: 1万4886
- 2012: 1万3585
- 2013: 1万5892
- 2013: 1万6575
- 2014: 1万7209
- 2015: 1万8272
- 2016: 1万8951
- 2017: 1万9712
- 2018: 2万155
- 2020: 1万9238
- 2021: 2万180

どの地域でも子どもやその家族が地域で安心して暮らせる体制づくりが急がれます。

特別支援学校と地域の学校等における、保護者等の付添い状況

- 特別支援学校に通学する医療的ケア児（6482 人）のうち、
保護者等が医療的ケアを行うために付添いを行っている医療的ケア児の数 3377 人 (52.1%)
保護者等が付添いを行っていない医療的ケア児の数 3105 人 (47.9%)

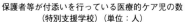

保護者等が付添いを行っている医療的ケア児の数
（特別支援学校）（単位：人）

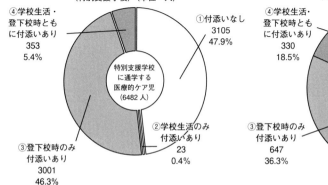

④学校生活・登下校時ともに付添いあり
353
5.4%

①付添いなし
3105
47.9%

特別支援学校に通学する医療的ケア児
(6482 人)

②学校生活のみ付添いあり
23
0.4%

③登下校時のみ付添いあり
3001
46.3%

- 幼稚園、小・中・高等学校に通学（園）する医療的ケア児（1783 人）のうち、
保護者等が医療的ケアを行うために付添いを行っている医療的ケア児の数 1177 人 (66.0%)
保護者等が付添いを行っていない医療的ケア児の数 606 人 (34.0%)

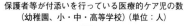

保護者等が付添いを行っている医療的ケア児の数
（幼稚園、小・中・高等学校）（単位：人）

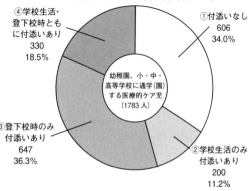

④学校生活・登下校時ともに付添いあり
330
18.5%

①付添いなし
606
34.0%

幼稚園、小・中・高等学校に通学（園）する医療的ケア児
(1783 人)

②学校生活のみ付添いあり
200
11.2%

③登下校時のみ付添いあり
647
36.3%

第1章 障害児・難病児の支援でまず知っておきたいこと

第2章 障害児・難病児に関する疾患・障害

第3章 障害児・難病児に関する法制度

第4章 障害児・難病児サービスの使い方

第5章 児童福祉サービスの実践事例

第6章 子どもと保護者への支援のあり方

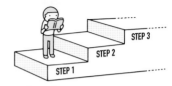

10

児童福祉司の役割

児童福祉司と障害児支援

　主に児童相談所などで働く**児童福祉司**と呼ばれる福祉専門職をご存じでしょうか。児童福祉司は、児童虐待相談を含む養育相談のほか、育成相談、非行相談など、0歳から18歳までの子どもやその家族などから子どもの福祉に関するさまざまな相談に応じ、調査・支援・指導を行うとともに、親子の関係調整などを行っています。児童福祉司は、児童心理司や医師、弁護士などとチームを組みながら、子どもたちの最善の利益のためにこれらの業務にあたっています。

　相談内訳では、今でこそ養護相談が相談種別の多くを占めていますが、実は2016（平成28）年度までは障害相談が最も多い割合で、今でも養育相談に次いで多くの相談を受け付けています。

療育手帳の交付とソーシャルワーク

　児童福祉司の大切な仕事の一つに、**療育手帳の判定業務**があります。判定にあたっては児童心理司とペアになって行い、児童福祉司は生育歴や家族歴、知的障害程度の判定基準である食事、洗面、排泄、衣服の着脱等といった日常生活動作（ADL）について、どの程度介助が必要か、自立しているか、また問題行動の有無やその程度などを保護者から聞き取ります。一方、児童心理司は知能検査の実施や行動観察を行い、双方の結果をもとに総合的な判断を行います。このように判定は、**知的能力**だけで判断されるものではなく、**適応機能（日常生活能力、社会生活能力、社会的適応性）**も考慮されるため、児童福祉司の役割は重要です。さらに、診断後や手帳交付後に地域の各種サービスや制度につなぐなど、行政や学校との橋渡しも行っています。

児童相談所と児童福祉司 図

第1章 障害児・難病児の支援で まず知っておきたいこと

第2章 障害児・難病児に 関する疾患・障害

第3章 障害児・難病児に 関する法制度

第4章 障害児・難病児 サービスの使い方

第5章 児童福祉サービスの 実践事例

第6章 子どもと保護者 への支援のあり方

児童相談所の役割

相談区分		内容
養護相談	児童虐待相談	身体的虐待、性的虐待、心理的虐待、ネグレクト
	その他の相談	養育困難、迷子、養子縁組に関する相談など
保健相談		未熟児、虚弱児などの一般的健康管理
障害相談	肢体不自由	肢体不自由児、運動発達の遅れなど
	視聴覚障害	盲（弱視を含む）、聾（難聴を含む）など
	言語発達障害等	構音障害、吃音、失語等、言語発達遅滞など
	重症心身障害	重度の知的発達症と重度の肢体不自由の重複
	知的障害	知的発達症
	発達障害	自閉スペクトラム症、限局性学習症など
非行相談	虞犯行為等	虚言癖や家出、性的逸脱などの虞犯行為など
	触法行為等	触法少年の警察通告や、犯罪少年の家庭裁判所送致など
育成相談	性格行動	家庭内暴力、友達と遊べない、緘黙、内気など
	不登校	学校等に何らかの理由で登校していないなど
	適性	学業不振、進学、就職等の進路選択など
	育児・しつけ	幼児のしつけや遊びなど
	言葉の遅れ	家庭環境等言語環境の不備等によると思われる言葉の遅れなど
その他		上記のいずれにも該当しない相談内容

児童福祉司と児童心理司の業務内容

児童福祉司

児童福祉司の仕事は子どもや保護者をサポートすることです。具体的には18歳未満の子ども本人をはじめ、保護者や関係機関から養護、障害、非行、育成などに関する相談を受け、必要な調査や社会診断を行い、ケースに応じた最適な支援や指導を行っています。

児童心理司（心理判定員）

児童心理司（心理判定員）の仕事は、児童面接や心理アセスメント、心理療法などを実施して、その結果をもとに心理所見や心理面接記録を作成することです。また、所内協議や会議への出席も業務に含まれます。

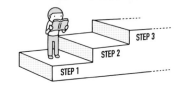

11

現代の問題①
改正児童福祉法（2022（令和4）年）

法改正による子育て世帯に対する包括的な支援のための体制強化を目指して

　国は、子育て世帯に対する包括的な支援のための体制強化等を行うため、児童福祉法を2022（令和4）年6月に改正し、2024（令和6）年4月施行を予定しています。このなかで、障害児を取り巻く体制整備の充実も図られます。その一つが**児童発達支援センターの役割・機能の強化**です。これまで地域の中核的役割が期待されてきた一方、児童発達支援事業所との役割分担が明確でないこと、また「福祉型」と「医療型（肢体不自由児が対象）」といった障害種別による類型が行われてきたことが課題でした。そこで、今回の改正によって**児童発達支援センターを一元化**するとともに、**地域における障害支援の中核的役割を担うことを明確化**しました。これにより、適切な発達支援の提供につなげるとともに、地域全体の障害児支援の質の向上が図られることになります。

障害児入所施設からの円滑な移行調整の枠組み構築

　もう一つは、障害児入所施設からの円滑な移行調整の枠組みの構築です。もともと2012（平成24）年の法改正以降、障害児入所施設に入所している18歳以上の障害者は、大人としてより適切な支援を行っていくために、障害者施策で対応することになっています。しかし移行調整が十分に進まずに、18歳以上で福祉型障害児入所施設に留まっている者が470人おり、そのうちの313人が22歳までの者であることがわかりました（2021（令和3）年3月末時点）。このために、児・者それぞれにふさわしい環境が確保されていないとして問題視されてきました。これを解決するため、今回の法改正により、移行調整の責任主体（都道府県・政令市）を明確化するとともに、22歳までの入所継続を可能にすることが明記されることとなりました。

第1章 障害児・難病児の支援でまず知っておきたいこと

第2章 障害児・難病児に関する疾患・障害

第3章 障害児・難病児に関する法制度

第4章 障害児・難病児サービスの使い方

第5章 児童福祉サービスの実践事例

第6章 子どもと保護者への支援のあり方

改正児童福祉法 図

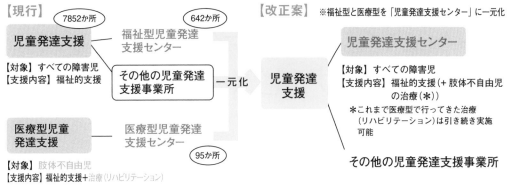

児童発達支援センターの役割・機能の強化

【現行】 7852か所
児童発達支援
【対象】すべての障害児
【支援内容】福祉的支援

福祉型児童発達支援センター 642か所
その他の児童発達支援事業所
——一元化——

医療型児童発達支援
【対象】肢体不自由児
【支援内容】福祉的支援＋治療(リハビリテーション)

医療型児童発達支援センター 95か所

【改正案】 ※福祉型と医療型を「児童発達支援センター」に一元化

児童発達支援センター
【対象】すべての障害児
【支援内容】福祉的支援(＋肢体不自由児の治療(＊))

＊これまで医療型で行ってきた治療(リハビリテーション)は引き続き実施可能

その他の児童発達支援事業所

※か所数は2020年10月時点。児童発達支援は国保連データ
　福祉型および医療型の児童発達支援センターは社会福祉施設等調査によるか所数

障害児入所施設からの円滑な移行調整の枠組みの構築

① 障害児入所施設から成人としての生活への移行調整の責任主体(都道府県および政令市)を明確化する

　＜取り組む内容＞
　・関係者との協議の場を設ける
　・移行調整および地域資源の整備等に関する総合的な調整を行う　など

② 一定年齢以上の入所で移行可能な状態に至っていない場合や、強度行動障害等が18歳近くになって強く顕在化してきたような場合等に十分配慮する必要があることから、22歳満了時までの入所継続を可能とする

　(現行法において入所できる児童の年齢は原則18歳未満。20歳未満まで入所の延長が可能)

福祉型障害児入所施設に入所中の移行先が決定していない者の現状(年代別)

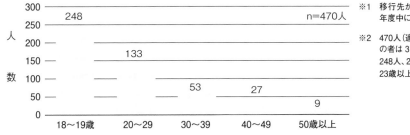

人数

	人数
18〜19歳	248
20〜29	133
30〜39	53
40〜49	27
50歳以上	9

n=470人

※1 移行先が決まっているため、2021年度中に退所予定の者を除く

※2 470人(適齢児)のうち、22歳までの者は313人(うち19歳以下の者248人、20歳〜22歳の者65人)、23歳以上の者は157人

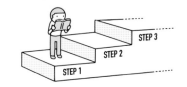

12

現代の問題②
放課後等デイサービスの増加と質の保障

▶ 放課後等デイサービスの現状

　放課後等デイサービスは事業所数および利用者数がともに年々増加傾向にあり、2023（令和5）年3月現在の事業所は1万9835か所、利用者は31万3314人（令和5年版厚生労働白書）と、ニーズが高まっていることがうかがえます。しかし一方で、**特別支援学校在籍者と特別支援学級在籍者の合計（令和4年度学校基本調査）は2022（令和4）年5月時点で50万人を超えており**、サービスの利用者は6割程度の状況です。さらに通級利用や通常学級において支援を要する児童生徒などをふまえれば、潜在的ニーズがあることも容易に推測されます。早期療育は、彼らがよりよい社会生活を営んでいく上で欠かせないことを考えると、さらなる量的な充足を図っていかなければなりません。

▶ 調査結果からみる質の保障

　近年公表された複数の調査結果によると、地域によっては利用者が相談支援事業所を介さずに障害児支援利用計画やサービス等利用計画を作成する「セルフプラン」の割合が高く、サービスが適切に提供されていないなどの問題が生じていることや、また**子ども一人ひとりに適切かつ専門的なアセスメントが行えるような体制構築**が求められていることなどが明らかとなりました。最近の放課後等デイサービス事業所には、単に障害児のみならず、不登校の子どもたちや児童虐待、不適切な養育環境にある、またはその疑いのある子どもたちの通所も、決して少なくありません。今後は、事業所の専門性を活かしながら、**保護者や関係機関、自治体とともに、セーフティネットとしての役割を発揮**していくことも求められています。

放課後等デイサービス 図

第1章 障害児・難病児の支援でまず知っておきたいこと
第2章 障害児・難病児に関する疾患・障害
第3章 障害児・難病児に関する法制度
第4章 障害児・難病児サービスの使い方
第5章 児童福祉サービスの実践事例
第6章 子どもと保護者への支援のあり方

ふさわしくないと考えられる事業運営・支援内容例

①安全な預かりに偏っているとみられる事例
- ・児童にゲーム・DVD 等を与えて遊ばせる、おやつを与えるといった支援しか行われていない
- ・昼夜逆転している児童に対し、事務所のソファーで寝かせるだけにしている

②学習塾的な支援に偏っているとみられる事例
- ・放課後等デイサービスのほかに、同一法人において学習塾を運営している。学習塾とエリアは離れているが、支援内容は学校の宿題が中心
- ・利用児童の受験対策や資格獲得を目指すための指導を行っている

③習い事と変わらない支援を行っているとみられる事例
- ・放課後等デイサービスのほかにフリースクールを運営している法人において、同一の施設内でどちらのサービスも提供しており、支援内容や活動場所も明確な線引きがない
- ・プログラミングの技術指導、絵画、サッカー、音楽などに特化して実施している

④その他の事例
- ・サービス提供時間のほとんどを送迎が占めており、実質的に送迎を目的としたような利用形態である
- ・個別支援計画の達成目標について、具体性を欠き、目標達成のために何を行っているのかが不明瞭な状態。また、どの利用者についても同じような達成目標となっており、それぞれの利用者に合わせた目標設定が行われているのかが不明瞭な場合がある

子どもに対する切れ目のない支援の実現

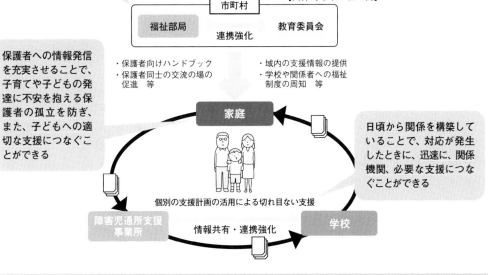

関係者で取り組み内容や課題などについて情報共有することで、子どもに対する一貫した支援につながる

【具体的な取り組み例】

市町村

福祉部局　　連携強化　　教育委員会

・保護者向けハンドブック
・保護者同士の交流の場の促進　等

・域内の支援情報の提供
・学校や関係者への福祉制度の周知　等

保護者への情報発信を充実させることで、子育てや子どもの発達に不安を抱える保護者の孤立を防ぎ、また、子どもへの適切な支援につなぐことができる

家庭

日頃から関係を構築していることで、対応が発生したときに、迅速に、関係機関、必要な支援につなぐことができる

個別の支援計画の活用による切れ目ない支援

障害児通所支援事業所　　情報共有・連携強化　　学校

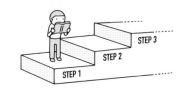

13

現代の問題③
医療的ケア児を支えるための体制構築

▶ 医療的ケア児等総合支援事業とは

　在宅における医療的ケア児とその家族を支えるため、子どもの発達段階に応じて、在宅生活支援・社会生活支援・経済的支援等の大きく三つの柱が掲げられており、障害福祉・医療・保育・母子保健・教育など、各方面でさまざまな取り組みが行われています。

　その中核にあるのが、**医療的ケア児等総合支援事業（地域生活支援促進事業）**です。これは、都道府県や市町村に医療的ケア児支援センターを設置することで、医療的ケア児とその家族からの相談を受け、総合的に支援を実施する取り組みなどを推進するものです。2022（令和4）年度からは常勤で1人以上の**医療的ケア児等コーディネーター**を配置することで、その取り組みをさらに進めています。

　その他にも、保育所等において医療的ケア児の受入れを可能とするための体制を整備し、医療的ケア児の地域生活支援の向上を図る**医療的ケア児保育支援事業**や、学校における医療的ケアの環境整備の充実を目的とした**医療的ケア看護職員配置事業**など、**切れ目ない支援体制の構築に向けた取り組み**が展開されています。

▶ どのような効果が期待できるか

　支援者にとっては管内の情報が集約され、家族等からのさまざまな相談に総合的に対応するとともに、地域の活用可能な資源の紹介を行うことができます。また、「どこに相談すればよいかわからない」と困っていた家族等にとっては、相談先が明確になります。さらに、地域支援の現場に対して情報提供や研修等を行うことによって、各々の支援の質を高めることができるだけでなく、関係機関同士が協力関係を構築することができたり、子どもたち一人ひとりに合った支援体制の構築に寄与することが期待されます。

第1章 障害児・難病児の支援でまず知っておきたいこと

第2章 障害児・難病児に関する疾患・障害

第3章 障害児・難病児に関する法制度

第4章 障害児・難病児サービスの使い方

第5章 児童福祉サービスの実践事例

第6章 子どもと保護者への支援のあり方

医療的ケア児等総合支援事業イメージ図

総合的な支援を実施

地方自治体における
医療的ケア児等の協議の設置

医療的ケア児等
コーディネーター
医療的ケア児等
支援者（喀痰吸引含む）の
養成研修

医療的ケアのある
子どもとその家族

併行通園の促進

2022 年度拡充
医療的ケア児支援センター
への医療的ケア児等
コーディネーターの配置等

医療的ケア児等に対応する
看護職員確保のための
体制構築

医療的ケア児等と
その家族への支援

医療的ケア児保育支援事業イメージ図

〈管内保育所等〉
看護師等の配置や医療的ケア児保育支援者の支援を受けながら、保育士の研修受講等を行い、医療的ケア児を受入れ

保育所

保育所
（医ケア児受入れ施設）

看護師等の配置

助言・支援等

〈基幹施設〉
モデル事業を実施してノウハウを蓄積した施設等が、市町村内の基幹施設として、管内保育所の医療的ケアに関する支援を行うとともに、医療的要因や障害の程度が高い児童の対応を行う

看護師等

医療的ケア児保育支援者

体制整備等

〈自治体〉
検討会の設置

ガイドラインの策定

検討会の設置やガイドラインの策定により、医療的ケア児の受入れについての検討や関係機関との連絡体制の構築、施設や保護者との調整等の体制整備を実施

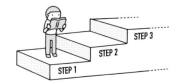

14

現代の問題④
こども家庭ソーシャルワーカー

▶ 新たな認定資格の創設に向けて

　近年、育児と仕事の両立、保護者自身の病気や障害、親の介護、貧困や孤立など、現代の子育て世帯を取り巻くさまざまな社会課題が浮き彫りになっています。このような課題に対応すべく、2022（令和4）年2月に取りまとめられた報告書のなかで、新しい認定資格の創設が提案されました。このような有資格者が児童相談所や、市町村のこども家庭福祉部局や保育所などに配置されることによって、こどもの権利擁護はもちろんのこと、保護者や地域住民の相談に応じながら、家庭・養育環境の支援強化、さらにはこども家庭福祉施策の推進など、こどもの視点から適切な支援の提供ができるのではないかと期待されています。

▶ こども家庭福祉の専門家の輩出を目指して

　上述の報告書の提案を受け、国は2022（令和4）年児童福祉法改正により、**こども家庭福祉の現場にソーシャルワークの専門性を十分に身につけた人材を早期に輩出するため、一定の実務経験のある有資格者や現任者が、国の基準を満たした認定機関による研修等を経て取得する認定資格として、こども家庭ソーシャルワーカー**を導入することになりました。さらにこの資格は児童福祉司の任用要件を満たすものとして児童福祉法上に位置づけられることになりました。

　しかし、この研修内容にも課題があります。現段階で「母子保健と小児医療の基礎」や「こどもの心理的発達」といった項目は例示されているものの、障害児に特化した内容は含まれていません。また、独立した国家資格化を目指すべき、との声も少なくありません。今後も、その動向に注目していく必要があります。

こども家庭福祉の認定資格（こども家庭ソーシャルワーカー）取得ルート

こども家庭福祉の認定資格（こども家庭ソーシャルワーカー）

試験　　　　　　　　　　　　　　　　　※認定機関が実施。指定研修等の効果も測定する実践的な内容

こども家庭福祉指定研修（100時間程度）

こども家庭福祉に係る相談援助業務の実務経験 2年以上	ソーシャルワークに係る研修の受講	ソーシャルワークに係る研修の受講

社会福祉士	精神保健福祉士	こども家庭福祉に係る相談援助業務の実務経験 4年以上	保育所等で主任保育士等として相談援助業務を含む実務経験 4年以上

　　一定の実務経験のある有資格者のルート　　　　　　　　　　現任者のルート ※当分の間の経過措置

☐：認定機関が認定するカリキュラム

「こども家庭福祉指定研修」の科目名（仮）（追加研修を除く）

- ・こどもの権利擁護
- ・こども家庭福祉分野のソーシャルワーク専門職の役割
- ・こども家庭福祉Ⅰ（こども家庭をとりまく環境と支援）
- ・こども家庭福祉Ⅱ（保護者や家族の理解）
- ・こども家庭福祉Ⅲ（精神保健の課題と支援）
- ・こども家庭福祉Ⅳ（行政の役割と法制度）
- ・こどもの身体的発達等、母子保健と小児医療の基礎
- ・こどもの心理的発達と心理的支援
- ・児童虐待の理解
- ・少年非行
- ・社会的養護と自立支援

- ・貧困に対する支援
- ・保育
- ・教育
- ・こども家庭福祉とソーシャルワークⅠ（多様なニーズをもつこどもや家庭へのソーシャルワーク）
- ・こども家庭福祉とソーシャルワークⅡ（こどもの安全確保を目的とした緊急的な対応に関するソーシャルワーク）
- ・こども家庭福祉とソーシャルワークⅢ（地域を基盤とした多職種・多機関連携による包括的支援体制の構築）
- ・こども家庭福祉とソーシャルワークⅣ（組織の運営管理）

第1章 障害児・難病児の支援でまず知っておきたいこと

第2章 障害児・難病児に関する疾患・障害

第3章 障害児・難病児に関する法制度

第4章 障害児・難病児サービスの使い方

第5章 児童福祉サービスの実践事例

第6章 子どもと保護者への支援のあり方

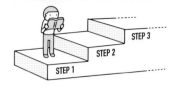

15
現代の問題⑤
ヤングケアラーと障害児

▶ ヤングケアラーとは

　ヤングケアラーという言葉を最近よく耳にするようになりました。日本ケアラー連盟はヤングケアラーを、**家族にケアを要する人がいる場合に、大人が担うようなケア責任を引き受け、家事や家族の世話、介護、感情面のサポートなどを行っている、18歳未満の子ども**と定義しています。厚生労働省と文部科学省が連携して、2020年度に実施した全国調査の結果によれば、世話を必要としている家族は父母や祖父母に比べ、圧倒的にきょうだいの割合が多いことがわかりました。さらにその理由としては、「幼い」が多くを占める一方、3割程度は何らかの障害や疾病を抱えているためと回答しており、いわゆる**きょうだい児**の問題が改めて浮き彫りになっています。

▶ きょうだい児のケア

　これまで、障害当事者やその保護者への支援についてはたくさんの議論がなされてきましたが、実は、障害当事者のきょうだいが抱える課題については、十分とはいえません。きょうだいとしての愛情がある反面、**親のプレッシャーや期待、親亡き後の不安**はもちろんのこと、「きょうだいの世話のために友達と遊びに行けなかった」「家族旅行に行った記憶がない」「自分は弟・妹なのに、兄・姉のような役割を求められ続けた」「親に甘えられない／甘えちゃいけない」といった**アンビバレントな（相反する）感情**を抱くケースも多く、誰にも相談できないでいるきょうだいもいます。

　私たちは、つい障害児自身やその保護者に目が行きがちですが、きょうだい児も家族の一員であることを忘れてはいけません。彼らに対してどのような支援ができるのか、きょうだい児の声を聴きながら、親と支援者とで一緒に考え続けていく必要があるのです。

ヤングケアラーの子どもたちが日常的に担っている家事や世話の例

障害や病気のある家族に代わり、買い物・料理・掃除・洗濯などの家事をしている

家族に代わり、幼いきょうだいの世話をしている

障害や病気のあるきょうだいの世話や見守りをしている

目の離せない家族の見守りや声かけなどの気づかいをしている

日本語が第一言語ではない家族や障害のある家族のために通訳をしている

家計を支えるために労働をして、障害や病気のある家族を助けている

アルコール・薬物・ギャンブル問題を抱える家族に対応している

がん・難病・精神疾患など慢性的な病気の家族の看病をしている

障害や病気のある家族の身の回りの世話をしている

障害や病気のある家族の入浴やトイレの介助をしている

きょうだいへの世話の内容（複数回答）

	中学2年生	全日制高校2年生	定時制高校2年生相当	通信制高校生
調査数（n＝）	197	136	13	21
家事（食事の準備や掃除、洗濯）	37.6	56.6	38.5	71.4
きょうだいの世話や保育所等への送迎など	34.0	43.4	46.2	33.3
身体的な介護（入浴やトイレのお世話など）	20.8	16.2	7.7	14.3
外出の付き添い（買い物、散歩など）	21.3	16.2	38.5	23.8
通院の付き添い	2.0	2.2	15.4	9.5
感情面のサポート（愚痴を聞く、話し相手になるなど）	21.3	17.6	15.4	33.3
見守り	68.0	53.7	46.2	38.1
通訳（日本語や手話など）	3.0	0.7	7.7	0.0
金銭管理	2.5	4.4	15.4	14.3
薬の管理	3.0	2.2	0.0	4.8
その他	5.1	8.8	0.0	9.5
無回答	5.1	5.9	15.4	0.0

※通信制高校生は「18歳以下」と「19歳以上」の合計 　　　　　　　　　　（%）

第1章　障害児・難病児の支援でまず知っておきたいこと

第2章　障害児・難病児に関する疾患・障害

第3章　障害児・難病児に関する法制度

第4章　障害児・難病児サービスの使い方

第5章　児童福祉サービスの実践事例

第6章　子どもと保護者への支援のあり方

第1章 参考文献

- 厚生労働省「令和5年版厚生労働白書」
- 丸山晃(監修)東京都社会福祉協議会(編)『障害者総合支援法とは…〔改訂第3版〕』東京都社会福祉協議会, 2020.
- 文部科学省「平成18年版文部科学白書」
- 文部科学省(2021)「障害のある子供の教育支援の手引～子供たち一人一人の教育的ニーズを踏まえた学びの充実に向けて～」参考資料(「障害のある子供の教育支援の手引」関係)
- 兵庫県教育委員会(2021)「令和3年度版 副次的な学籍ガイド～共に助け合う地域でのつながりをめざして～」
- 越谷市(2021)「第6期越谷市障がい福祉計画 第2期越谷市障がい児福祉計画」
- 厚生労働省「医療的ケア児について」
- 厚生労働省(2023)「児童相談所運営指針について」
- 文部科学省(2022)「令和3年度学校における医療的ケアに関する実態調査結果(概要)」
- みずほ情報総研株式会社(2020)「放課後等デイサービスの実態把握及び質に関する調査研究報告書」
- 株式会社政策基礎研究所(2020)「障害児の相談支援に関する実態把握の調査研究報告書」
- 障害児通所支援の在り方に関する検討会(2021)「障害児通所支援の在り方に関する検討会報告書」
- 文部科学省(2020)「新しい時代の特別支援教育の在り方に関する有識者会議(第9回)資料『教育と福祉の連携について』」
- 三菱UFJリサーチ&コンサルティング株式会社(2021)「ヤングケアラーの実態に関する調査研究報告書」
- 厚生労働省(2022)「令和3年度社会保障審議会児童部会社会的養育専門委員会報告書」
- こども家庭庁(2023)「こども家庭審議会児童虐待防止対策部会(第1回)資料」(資料4 改正法の施行に向けた検討状況)
- 文部科学省「令和4年度学校基本調査」

第 2 章

障害児・難病児に関する疾患・障害

01

身体障害

身体障害とは

　身体障害と聞くと、車いす生活をされている人などを想像されることが多いかもしれません。しかし、実際には、外見上でわかるものばかりではなく、症状の程度、部位や範囲により状態がさまざまに異なり、日常生活に支障が出る人も、そうでない人もいます。具体的には**身体障害者福祉法**第四条などに規定されており、①視覚障害、②聴覚又は平衡機能の障害、③音声機能、言語機能又はそしゃく機能の障害、④肢体不自由、⑤内部障害の５種類に分類されます。このほかにも身体障害に該当する難病や高次脳機能障害もあり、さまざまな見解があります。また、内部障害のように視覚的に確認しづらい疾患は周囲から気づかれにくいという特性がありますので注意が必要です。「障害者白書　令和4年版」によると、身体障害者数は436万人（人口1000人当たり34人）で、そのうち18歳以下の者は7.2万人となっています。

身体障害で最も多いのは肢体不自由

　身体に障害がある子どもたちの内訳を見ると、最も多いのは**肢体不自由**、次いで内部障害、聴覚・言語障害となっています。障害の発生年齢別に見ると、出生時に最も多く発生するのは視覚障害で、その後０～３歳では聴覚・言語障害が多くなります。身体障害児の身体障害の原因は、出生時の損傷によるものが19.2％、疾病によるものが9.9％、事故によるものが2.9％ですが、最も多いのは原因不明のもので34.6％となっています。

　障害とともに過ごしていくために必要な治療や通院などの費用については、**自立支援医療（育成医療）**の制度による補助を受けられる可能性があるため、詳しくは居住地の自治体に確認してください（➡ P.124）。

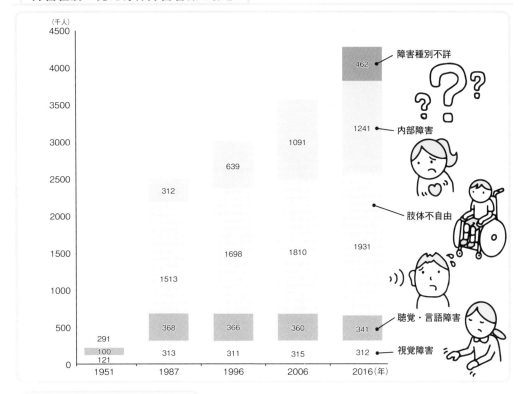

障害の分類と身体障害 図

第 1 章 障害児・難病児の支援で まず知っておきたいこと

第 2 章 障害児・難病児に 関する疾患・障害

第 3 章 障害児・難病児に 関する法制度

第 4 章 障害児・難病児 サービスの使い方

第 5 章 児童福祉サービスの 実践事例

第 6 章 子どもと保護者 への支援のあり方

障害種別に見た身体障害者数の推移

（千人）

年	視覚障害	聴覚・言語障害	肢体不自由	内部障害	障害種別不詳
1951	121	100	291		
1987	313	368	1513	312	
1996	311	366	1698	639	
2006	315	360	1810	1091	
2016	312	341	1931	1241	462

身体障害児の障害発生事由

単位：人（％）

	総数	事故	疾病（感染症・中毒性疾患など）	出生時の損傷	その他	不明	不詳
総数	9万3100人	2700人	9200人	1万7900人	1万6700人	3万2200人	1万4200人
	100.0%	2.9%	9.9%	19.2%	17.9%	34.6%	15.3%

身体障害児の主な疾患（人数と割合）

疾患	身体障害児数（人）	％
総数	9万3100	100.0
脳性麻痺	2万4100	25.9
心臓疾患	1万2400	13.3
その他の脳神経疾患	3700	4.0
その他	1万6400	17.6
不明	4600	5.0
不詳	1万8200	19.5

脳性麻痺や心臓疾患が多いですが、原因が特定されない場合も少なくありません。

02

脳性麻痺

▌脳性麻痺＝脳の損傷等によって、身体に不自由が起きる障害

　小児の障害で有名なものとして、**脳性麻痺**があります。実は脳性麻痺という病気があるわけではなく、出生前もしくは出産後1か月程の間に、脳の奇形や筋肉の動きを支配する脳の一部（運動野）が傷つくことによって、後遺症として運動障害を起こしている状態を総称してそのように呼んでいます。乳児1000人に1.7人の頻度で起こりますが、早産児では1000人に15人と上昇し、極低出生体重児では特に多くみられます。これは、早産児では脳の一部の領域の血管が細く、出血しやすいからだと考えられています。

▌脳性麻痺とともに生きる

　脳性麻痺の種類と重症度や合併症に応じて異なりますが、脳性麻痺の子どものほとんどが死亡することなく成人になります。治療は、症状がない状態にするために行うというのではなく、**障害があっても、姿勢・運動・食事・発声などをうまくコントロールして、日常生活を送っていくことが目標**となります。理学療法や作業療法、装具等によって、筋肉の制御や歩行が改善される可能性があり、特にリハビリテーションを可能な限り早期に開始すると効果が上がります。言語療法を行うと発声や発音にも効果があります。発達や症状の程度に応じて、状況に合わせた治療・訓練が行われていきます。

　脳性麻痺では、知的障害、嚥下障害、呼吸障害、コミュニケーション障害、聴覚・視覚障害、膀胱性機能障害、てんかん発症などをよく併発することが確認されていて、併発した際にはコントロールしながら生活する必要があります。生涯を通して何らかのケアや介助が必要になる場合が多いですが、**産科医療補償制度**などの支援や適切な治療・訓練を受けながら、自立した生活を目指すことも可能です。

第1章 障害児・難病児の支援で まず知っておきたいこと

第2章 障害児・難病児に 関する疾患・障害

第3章 障害児・難病児に 関する法制度

第4章 障害児・難病児 サービスの使い方

第5章 児童福祉サービスの 実践事例

第6章 子どもと保護者 への支援のあり方

脳性麻痺研究会議で定められた定義（厚生省、1968年）

脳性麻痺とは受胎から新生児期（生後4週間以内）までの間に生じた脳の非進行性病変に基づく、永続的なしかし変化しうる運動および姿勢の異常である。その症状は満2歳までに発現する。進行性疾患や一過性運動障害または将来正常化するであろうと思われる運動発達遅延は除外する

脳性麻痺の分類と主な原因

痙直型（けい直型）……約70%
アテトーゼ型……………約20%　｝　混合型
運動失調型………………約5%

> 出生後すぐに診断されることもありますが、子どもの発達に伴い判明することもあります。

出生前（胎児期から陣痛）	染色体異常・遺伝子異常による脳の奇形、風しん・サイトメガロウイルス・トキソプラズマなどの胎内感染、胎児期の血管障害や低酸素など
周産期（陣痛から産後1週間）	新生児期の呼吸器・循環器障害による低酸素性虚血性脳症、新生児仮死、頭蓋内出血、脳室周囲白質軟化症など
出生後（生後1か月まで）	てんかんなどによるけいれん発作、脳の運動機能を司る部分の障害など

※検査しても原因が全くわからないこともある

産科医療補償制度の概要

重度脳性麻痺児とその家族の経済的負担を補償する制度

妊産婦（児）	申し込み → 保険金	分娩機関	妊産婦情報登録 → 保険金	運営組織	保険契約締結 → 保険金	保険会社

03

知的障害

知的障害とは

知的障害は、「知的機能の障害が発達期（おおむね18歳まで）にあらわれ、日常生活に支障が生じているため、何らかの特別の援助を必要とする状態にあるもの」と定義されています。この**援助を必要とする状態**とは、年齢相応の知的能力がなく、日常生活や社会生活への適応能力が低いため、社会的自立の上での困難さを感じ、支援を必要としている状態のことをさします。人口の２〜３％が該当し、原因は染色体異常などによるものもありますが、原因不明の場合も多いです。ICD–11（国際疾病分類第11版）やDSM–5（精神障害の診断・統計マニュアル第５版）では「知的発達症」と表記され、**発達障害とは異なるもの**だと定義されています。

知的障害者が受けられる支援

知的障害はもともと児童福祉法のなかで支援が行われていましたが、成人した人への対応がきちんとできるよう、独自に法制度をつくることが必要と考えられ、1960年（昭和35）年に**知的障害者福祉法**が制定されました。ただし、現在でも18歳未満の知的障害児については、**児童福祉法**に基づいた支援が行われています。

知的障害の程度によっては、**療育や障害福祉サービス、相談・支援を受けやすくするという目的**で、都道府県や指定都市等により**療育手帳**が交付されます。単純に知能指数（IQ）の値だけで出すのではなく、日常生活能力（自立機能、運動機能、意思交換、探索動作、移動、生活文化など）が同年齢の日常生活能力水準と比べてどうかを総合的に判断した上で判定が行われます。手帳の呼び名や審査判定基準、等級区分は自治体によって異なりますので、各自治体の状況を確認して活用してください。

第1章　障害児・難病児の支援で まず知っておきたいこと

第2章　障害児・難病児に 関する疾患・障害

第3章　障害児・難病児に 関する法制度

第4章　障害児・難病児 サービスの使い方

第5章　児童福祉サービスの 実践事例

第6章　子どもと保護者 への支援のあり方

知的障害の特徴

- ◆ 抽象的な事柄の理解
- ◆ 記憶すること
- ◆ 考えや気持ちの表現

などが苦手

※個人差あり

知的障害の程度（厚生労働省による知的障害の分類）

知能基準（IQ）と日常生活水準により下記のように導かれる

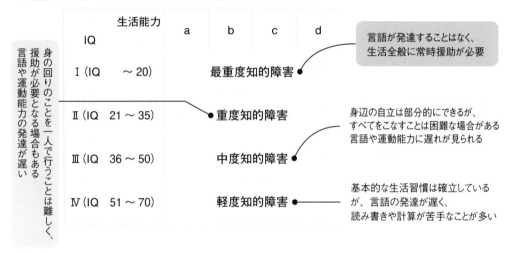

	生活能力	a	b	c	d
IQ					
Ⅰ（IQ　　〜20）	最重度知的障害				
Ⅱ（IQ　21〜35）	重度知的障害				
Ⅲ（IQ　36〜50）	中度知的障害				
Ⅳ（IQ　51〜70）	軽度知的障害				

身の回りのことを一人で行うことは難しく、援助が必要となる場合もある言語や運動能力の発達が遅い

言語が発達することはなく、生活全般に常時援助が必要

身辺の自立は部分的にできるが、すべてをこなすことは困難な場合がある言語や運動能力に遅れが見られる

基本的な生活習慣は確立しているが、言語の発達が遅く、読み書きや計算が苦手なことが多い

療育手帳による主な支援制度

税制上の優遇

各種割引制度による支援

保育面、教育面による支援

就労に向けた支援

医療面での支援

04

発達障害

▶ 発達障害児のもつさまざまな特性

　発達障害とは、行動面や情緒面の特性によって社会生活で支障が生じる障害のことです。発達障害はいくつかの種類があり、**自閉スペクトラム症（ASD）、注意欠如・多動症（ADHD）、限局性学習症（SLD）**が代表的です。これらは、**複数の種類が重なり合って現れることも多く、重なり方により症状も異なります**。自閉スペクトラム症と注意欠如・多動症の特性が重なり合うケースが最も多く、そのような場合は両方の特性をふまえた対応が求められます。

　通常の学級に発達障害の可能性がある児童生徒は15人に１人程度と、けっして少ない割合ではありません。発達の特性がある子は親が「育てにくい」と感じることが多く、乳幼児期の集団生活や健診・育児相談などの場で相談し、専門機関で発達障害だと診断されることが多いです。子どもの特性について専門家からの見立てがつくと、子どもに合った対応や生活環境をつくるヒントが得られます。

▶ 周囲が発達障害の特性を理解することで二次障害を防ぐ

　発達障害に対して適切な対応や望ましい対応が行われれば、生活上の支障はある程度軽減することも可能です。しかし、無理解な対応をとられるなど望ましくない対応が継続されると**二次障害**を引き起こすこともあります。二次障害の例としては頭痛などの身体症状やチック症状、うつ状態、意欲低下、不安症や強迫症の状態、不登校やひきこもりといったもので、それにより社会生活に支障をきたすことがあります。発達障害の特性があっても生活上の支障がなければ、その子らしく生活していくことが可能です。**いかに生活上の支障が出ない環境をつくっていくかがポイント**となります。

第1章 障害児・難病児の支援で まず知っておきたいこと

第2章 障害児・難病児に 関する疾患・障害

第3章 障害児・難病児に 関する法制度

第4章 障害児・難病児 サービスの使い方

第5章 児童福祉サービスの 実践事例

第6章 子どもと保護者 への支援のあり方

発達障害と二次障害 図

それぞれの障害の特性

- ●言葉の発達の遅れ
- ●コミュニケーションの障害
- ●対人関係・社会性の障害
- ●パターン化した行動、こだわり

知的な遅れを伴うこともある

注意欠如・多動症（ADHD）
- ●不注意
- ●多動・多弁
- ●衝動的に行動する

自閉症

自閉スペクトラム症（ASD）

アスペルガー症候群

限局性学習症（SLD）
- ●「読む」、「書く」、「計算する」等の能力が、全体的な知的発達に比べて極端に苦手

- ●基本的に、言葉の発達の遅れはない
- ●コミュニケーションの障害
- ●対人関係・社会性の障害
- ●パターン化した行動、興味・関心のかたより
- ●不器用（言語発達に比べて）

二次障害を引き起こすまでの経過

発達障害による症状
- ・コミュニケーション面でのトラブル
- ・落ち着きのなさなど問題行動
- ・こだわりなどによる不適応
- ・空気が読めない　　　など

- ・失敗を繰り返す
- ・非難や叱責が積み重なり、自信喪失・自己肯定感低下
- ・焦燥感やストレス UP
- ・周囲の環境が変わらず、よくない状態が続く

二次障害が生じる
- ●身体症状（頭痛・腹痛）
- ●精神症状（うつ状態）
- ●不登校・ひきこもり
- ●暴力・暴言　　　など

二次障害とは、環境やかかわりに起因する適応困難な状態のことです。

05
自閉スペクトラム症
（ASD）

自閉スペクトラム症とは

　自閉スペクトラム症は発達障害の一つで、**高機能自閉症・アスペルガー症候群・特定不能の広汎性発達障害などを含めた集合体の総称**です。別々の障害として考えているのではなく、一定の幅（スペクトラム）のなかで、人によってさまざまな特性が出ていることから、このように呼ばれています。多くの場合、社会性・コミュニケーション障害によって、他者とのやりとりが苦手・他者の意図や感情が読み取りにくいなどの特徴があります。また、言葉の発達の遅れやオウム返し、一方的な会話、こだわり行動（興味の偏りと決まりきったパターンへの固執）、過敏性・過鈍性といった感覚異常なども見られます。このような特徴は共通しますが、個々に得意・不得意な部分が異なっており、個人の特性にはグラデーションのような濃淡があります。幼児期の発達に伴い前述のような特徴が現れて、心理検査や診察へとつながることが多いです。

脳の疾患であり、特性に合った生活支援が大切

　「育て方が悪かった」と自分を責める家族も少なくありませんが、自閉スペクトラム症は生まれつきの脳機能異常が原因であり、決して親の育て方などに起因するわけではありません。ICD-11（国際疾病分類）等でも疾病として認められていますが、現在明確な治療法はなく、治すというよりも、その子のもつ特性をとらえ、それに合わせた教育方法**（療育）**や環境調整を行うことが求められます。**子どもの状態や特性に合わせた療育は本人の力を引き出してできることを増やし、生活上の困難や支障を減らす助けになります。英国自閉症協会は自閉スペクトラム症の人に接する基本原則として SPELLの5項目**を提唱しています。このような全人的なサポートをすることが重要です。

第1章 障害児・難病児の支援でまず知っておきたいこと

第2章 障害児・難病児に関する疾患・障害

第3章 障害児・難病児に関する法制度

第4章 障害児・難病児サービスの使い方

第5章 児童福祉サービスの実践事例

第6章 子どもと保護者への支援のあり方

自閉スペクトラム症が含むもの

自閉スペクトラム症

知的能力障害を伴う自閉症

高機能自閉症

アスペルガー症候群

SLD
限局性学習症

ADHD
注意欠如・多動症

低 ← 知能・会話能力 → 高

自閉スペクトラム症の特徴例（幼児期の場合）

対人関係の障害

1. 視線が合わない、表情が乏しい、あやしても反応が乏しい
2. 人見知りをしない、後追いをしない
3. 友達とかかわろうとしない、他者に関心をもたない

言葉・コミュニケーションの障害

1. 話し言葉の遅れがある
2. ごっこ遊びやものまね遊びをしない
3. 会話が成立しない
4. セリフを棒読みするような話し方や妙に大人びた言葉使いをする
5. 思うようにいかないと癇癪を起こして止められない

行動の異常

1. 遊び・食事・かかわりなどのなかで、妙に強いこだわりがある
2. 同じオモチャを繰り返し並べて遊んだりする
3. 特定の物事に強い興味や情熱をもつが、ごく限られた範囲である
4. 服の縫い目が皮膚に触れるのをすごく気にするなどの感覚過敏
5. 寒い・暑いなどの感覚に気づかないなどの感覚鈍麻

自閉スペクトラム症支援の基本原則　SPELLの5項目

S（structure 構造化）わかりやすいしくみ

本人の性格や特性に合った過ごしやすい環境を整えることが求められます。

P（positive 肯定）
ほめる

L（links 連携）
支援が受けられる

E（empathy 共感）
理解と共感

L（low arousal 低刺激）
落ち着いて話す

06

限局性学習症（SLD）

▶ 読み・書き・計算が苦手な発達障害の一つ

　限局性学習症（学習障害）は、聞く、話す、読む、書く、計算するまたは推論する能力のうち特定のものの習得と使用に著しい困難を示すさまざまな状態をさすものと定義されています。**知能指数（IQ）の値が低いわけではないけれど、"読み・書き・計算が苦手"というような特性をもっているアンバランスさが特徴です。**原因は脳のなかで起きている視覚情報や音、文字の認識などを処理するための機能の一部に障害があることだと考えられていますが、引き起こす要因やメカニズムなどは、まだはっきりとは解明されていません。

　学習障害には、**読字障害・書字表出障害・算数障害**などいくつかのタイプがあります。勉強が苦手というような状況をよく観察すると、「文字は読めるが文章を読もうとすると読めない」「漢字を所定の枠内におさめて書くことが難しい」「ある教科だけ極端に苦手」のように、個々の特性が見えてきます。また、これらの症状は重複していることもあります。幼児期には気づかれにくく、学校に通うようになった頃に特性が現れやすいです。

▶ 学習障害のある子への支援

　学習障害は見た目や会話・コミュニケーション面からの判断は難しいために、「勉強への努力が足りない」などと誤解されて苦労をすることもあります。しかし、原因と考えられる脳の機能障害は生まれつきであり、育ち方や本人の努力不足ではありません。個人の特性に合う道具や教材を用意することで、苦手な動作などを避けて学習しやすくなることもあります。苦手な方法で無理にやるのではなく、**個人の特性に合った自分なりの方法を見つけていくことが支援の鍵となります。**

学習障害の主な三つのタイプ

タイプ名	症 状	具体例
読字障害 （ディスレクシア）	読みの困難・障害	・文字を一つひとつ拾って読む（逐次読み） ・単語あるいは文節の途中で区切ってしまう（チャンキングの障害） ・「ろ」と「る」など形の似ている文字を見分けにくい　　　　　　　　　　　　　　　　　　　　　など
書字表出障害 （ディスグラフィア）	書きの困難・障害	・読むことはできるのに、書き写すのが苦手 ・鏡文字になる ・漢字をなかなか覚えられない（覚えても忘れやすい）　　　　　　　　　　　　　　　　　　　　　など
算数障害 （ディスカリキュリア）	算数、推論の 困難・障害	・数を数えるのが苦手 ・一桁の足し算や引き算の暗算が苦手 ・時計が読めない、時間がわからない　　　　など

学習障害の支援例

● 文字を読むことに困難がある → 音声や映像を活用する
（動画教材、音声読み上げ機能など）

● 暗算が苦手 → 計算する部分は計算機を活用する

● 書くことが難しい → タブレットやパソコンで打ち込む

第 1 章　障害児・難病児の支援で まず知っておきたいこと

第 2 章　障害児・難病児に 関する疾患・障害

第 3 章　障害児・難病児に 関する法制度

第 4 章　障害児・難病児 サービスの使い方

第 5 章　児童福祉サービスの 実践事例

第 6 章　子どもと保護者 への支援のあり方

07

注意欠如・多動症（ADHD）

▶ 注意欠如・多動症とは

　注意欠如・多動症は**不注意・多動性・衝動性**が主な特徴となる発達障害の一つです。うっかりミスが多い、気が散りやすい、じっと座っていられないというような、不注意・多動性・衝動性の特性によって日常生活に支障をきたしている場合には「注意欠如・多動症」と診断されます。特性によって不注意型／多動・衝動型とそれらが合わさった混合型に分けられ、混合型が約8割と最も多いです。人口の3％程度が注意欠如・多動症の診断を受けていますが、診断されていなくてもそのような特性のある子どもは実際にはもっとたくさんいるでしょう。男子のほうが女子に比べ3〜5倍多いと報告されています。以前は注意欠陥・多動性障害と呼ばれていましたが、ICD–11（国際疾病分類）から「注意欠如・多動症」と名称が変更されました。

▶ 薬物療法という選択肢もある

　注意欠如・多動症もほかの発達障害と同様に、正しい知識と個々の特性を把握してその子に合った工夫を生活に取り入れることで、その子が生きやすくなるような支援が求められます。子ども本人に対する**ソーシャルスキルトレーニング（SST）**や保護者とともに取り組む**ペアレント・トレーニング**などの心理社会的療法を行うこともあります。特性をよく観察し、"この子はどんな子なのか・どんな対応をすると生活しやすくなるか"をとらえてかかわるとよいでしょう。

　近年では不注意・多動性・衝動性といった症状を改善するために処方される薬**（ADHD治療薬）**が使われることも増えました。ただし、6歳未満の子どもへの安全性と有効性は確立されておらず、2022年時点では6歳以上が適応となります。

注意欠如・多動症

不注意

多動性　　　衝動性

混合型が
8割

〈注意欠如・多動症の目安〉

不注意・多動性・衝動性に関する症状が

- ・6か月以上認められる
- ・少なくとも二つ以上の状況（例：家庭と学校）でみられ、支障をきたしている
- ・12歳以前に症状が認められる

場合に該当する

注意欠如・多動症によくある症状

不注意

〈幼児期〉
- ・物をなくしてしまうことが多い
- ・直前に伝えたことも忘れてしまう

〈学童期〉
- ・うっかりミスが多い
- ・忘れ物や遅刻、記憶違いが頻繁に起こる
- ・テストなどでケアレスミスが多い
- ・しばしば毎日の日課を忘れてしまう

多動性・衝動性

〈幼児期〉
- ・落ち着きがない
- ・読み聞かせなど集中して聞く場でも、じっとしていられずにうろうろする
- ・口より先に手が出てしまう

〈学童期〉
- ・教室内またはその他の場所で席を離れることが多い
- ・不適切な状況で走り回ったり高いところに上ったりすることがある
- ・順番を待てない
- ・他者の行動を遮ったり邪魔をすることがある

第1章　障害児・難病児の支援でまず知っておきたいこと

第2章　障害児・難病児に関する疾患・障害

第3章　障害児・難病児に関する法制度

第4章　障害児・難病児サービスの使い方

第5章　児童福祉サービスの実践事例

第6章　子どもと保護者への支援のあり方

08

重症心身障害

▶ 重症心身障害とは

重症心身障害とは、**重度の身体障害と重度の知的障害が重複している**障害のことです。

特に重度の状態を「**超重症心身障害**」と呼び、呼吸をすることも栄養を摂ることも難しい状態をさします。そのような場合の多くは、人工呼吸器の装着や気管内挿管などの呼吸管理、高カロリーの栄養輸液を静脈から投与する中心静脈栄養法などによる栄養管理を行うことが多いです。このような医学的ケアが必要な子どもたちは、**医療的ケア児**とも呼ばれ、医療機関などとの連携が必要になります。

約50年前は施設入所が一般的な選択でしたが、現代では在宅支援が充実してきたこともあり大半が自宅などで日常生活を過ごしています。本人が望む地域生活を送るための支援が適切に行われるよう、**本人・家族・教育・医療福祉関係職種などで連携していくことが重要です。**

▶ 家族介護者への支援

在宅での生活は、家族への期待や役割が大きいという現実があります。しかし、子どもたちが乳児期・学童期・思春期・青年期と成長するのに伴い、求められる支援は変化しますし、さらに障害の程度やそれによる発達・変化も千差万別です。個別性に沿った支援を行い、よりよく過ごせるよう多機関連携や協働が求められます。

こうした医療費や施設利用費などは費用がかかりますが、一定の条件のもと負担額の減免などがなされます。**日常生活用具給付等事業**というオムツなどの費用助成制度もあります。多岐に渡って補助や助成が受けられる制度がありますので、必要な申請などは居住地の自治体で確認してください。

重症心身障害の判断「大島の分類」

				IQ 80
21	22	23	24	25
20	13	14	15	16
19	12	7	8	9
18	11	6	3	4
17	10	5	2	1

区分5から9「周辺児」と呼ばれる

区分1から4 重症心身障害児

身体機能　走れる　歩ける　歩行障害　座れる　寝たきり

活用できる支援サービスの例

● 訪問支援	居宅介護 訪問看護 訪問診療 重度障害者等包括支援　など
● 通所（障害児通所支援）	児童発達支援 放課後等デイサービス 保育所等訪問支援　など
● 相談支援（障害福祉サービス利用の 計画立案などの相談）	計画相談支援 障害児相談支援　など
● 日中一時支援・短期入所（レスパイトケア）	医療型障害児入所施設　など
● 施設入所	医療型障害児入所施設　など

第1章　障害児・難病児の支援で まず知っておきたいこと

第2章　障害児・難病児に 関する疾患・障害

第3章　障害児・難病児に 関する法制度

第4章　障害児・難病児 サービスの使い方

第5章　児童福祉サービスの 実践事例

第6章　子どもと保護者 への支援のあり方

09

子どもの精神疾患

子どもの精神疾患について

　悲しみ、怒り、不安、疑念などの感情はどんな子どもでも経験するものです。しかし、それらの状態が何週間も続いたり、学校生活などの日常に影響を及ぼしたりする場合には、その原因に何らかの疾患（例えば精神疾患）が隠れている場合があります。それらを見つけ出して適切な治療につなげることで、日常生活が過ごしやすくなる可能性があります。反対に、それらの疾患をそのままにしていると、その後の成長の過程で再び問題になったり、長期化したりと、日常生活での支障が拡大することもあります。早期発見・早期治療をし、二次障害や慢性化を予防することが大切です。

子どもに多い精神疾患

　10歳以前の子どもに多い精神疾患は、**チック症、愛着障害、不安症（限局性恐怖症）**などが挙げられます。また、**発達障害**（自閉スペクトラム症、注意欠如・多動症、限局性学習症）の相談も多いです。

　10代以降では大人と同じような精神疾患が見られるようになります。**統合失調症、うつ病・双極性障害、不安症（限局性恐怖症・社交不安症・全般不安症・パニック症）、強迫性障害、摂食障害や身体醜形障害**などが代表的で、これらは思春期以降の発症が多いです。近年では、ゲーム障害（依存症）や睡眠障害の相談も増えています。

　これらとは別に、例えば、災害や事故、身近な人の死などの恐怖体験をした場合に**急性ストレス反応、心的外傷後ストレス症、複雑性心的外傷後ストレス症**が現れることがあります。子どもは言葉などで表現することが難しいこともあり、また、周囲の大人がそのストレスに対処できず葛藤が続くこともあるので、専門家のサポートが重要です。

第1章 障害児・難病児の支援でまず知っておきたいこと

第2章 障害児・難病児に関する疾患・障害

第3章 障害児・難病児に関する法制度

第4章 障害児・難病児・サービスの使い方

第5章 児童福祉サービスの実践事例

第6章 子どもと保護者への支援のあり方

名 称	内容および症状	好発時期
チック症	自分の意図とは関係なく、突発的にまばたきや咳払い、首振りなどの動きが現れ、それが繰り返される 子どもの約 20%は経験する病気で珍しくはなく、多くは一過性で次第に症状は消える。しかし、なかには慢性化し難治な例もある	幼児期
夜驚症	睡眠時に悲鳴や叫び声をあげて突然覚醒し、極度のパニックを起こす睡眠の障害。翌朝本人はパニックを起こしたことを覚えていない	幼児期
統合失調症	妄想・幻覚などの症状によって行動や思考の異常として現れることで発覚しやすい。急性期症状の後で意欲低下や活力がなくなる時期もある	思春期以降
うつ病・双極性障害	うつ状態のみの場合をうつ病、うつ状態と躁状態を繰り返すものを双極性障害と呼ぶ 抑うつ気分（憂うつ・気分が重い）、何をしても楽しくない、何にも興味がわかない、疲れやすいなどの**うつ状態**と、気分が高まったり異常にテンションが高いような**躁状態**が主な症状である	前思春期（小学校高学年）以降
強迫性障害	ある考え（例えば、手が汚れているなど）が自分の意思に反して何度も頭に浮かび、払いのけることができなくなる強迫観念と、ある行為をしないと気がすまなくなる強迫行為が現れる	前思春期（小学校高学年）以降
急性ストレス反応 心的外傷後ストレス症 複雑性心的外傷後ストレス症	恐怖体験後に起こる反応および病気。症状は以下のとおり 〈幼児期〉夜泣きや赤ちゃん返り、うまく話せなくなる、親から離れられない 〈学童期以降〉集中力の低下、体験したことに恐怖を示す、体験を繰り返し話す、無口になる、攻撃的になる、意欲低下	恐ろしい出来事が起きた後

➡ 発達障害・不安症・摂食障害・愛着障害は各疾患の解説頁を参照

10

不安症

▶ 不安症とは

　不安とは生きていく上で誰しもが抱く感情ですが、**不安症はその心配や不安が度を越えており、日常生活に支障が出ている状態**のことです。出てくる場面などによって、**限局性恐怖症、社交不安症、全般不安症、パニック症**などに分けられます。単なる心配性、神経質とは違い、脳内で通常とは異なる動きが発生することにより生じる病気です。

　子どもたちは不安症による困難を十分に表現できません。そのため、ひきこもり、不登校、多動、落ち着きのなさ、怒りっぽい、興奮、いらだちなどの症状として現れたり、睡眠不足や過度の発汗、疲れやすさ、腹痛や筋肉痛、頭痛などの身体症状を訴えたりすることもあります。また、発達障害児の約半数が不安症を抱えているとの報告もあり、他の疾患に伴う症状との見分けがつきづらいという特徴もあります。

▶ 子どもの不安症には行動療法が第一選択

　子どもの不安症には行動療法を選択することが一般的です。具体的には、不安や恐怖が実は根拠のないものであるなど、認識を変える練習をしていく**認知行動療法**、不安を引き起こすきっかけになっている状況を想像したりすることで、段階的に自信をつけていくといった**曝露反応妨害法**などがあります。そのためにもまずは不安が強くなる要因を見つけ出していくことや、家庭や学校などで段階的に不安に適応していけるよう環境を整えることも有効でしょう。

　場合によっては、薬物療法も併用されます。薬物療法では主に抗うつ薬と抗不安薬が使用されますが、薬ごとに適応年齢があるため必要に応じた選択肢となります。

第1章 障害児・難病児の支援で まず知っておきたいこと

第2章 障害児・難病児に 関する疾患・障害

第3章 障害児・難病児に 関する法制度

第4章 障害児・難病児 サービスの使い方

第5章 児童福祉サービスの 実践事例

第6章 子どもと保護者 への支援のあり方

病名	特徴
限局性恐怖症	例えば、特定の動物や虫、高所というような限られた対象や状況に対して、非現実的で激しい不安や恐怖感が持続する疾患 
社交不安症	大勢の人の前で話す、初対面の人と会話をするなど、人々と交流しなければいけない場面で強い不安や緊張・恐怖を感じ、過度に他者からの評価を恐れ、社会生活に支障をきたす病気 不安のもととなる状況を避ける回避行動のために、学校で人とうまく接することができなくなることもある。この場合、登校拒否はさらなる悪循環を引き起こす
全般不安症	学業、外見、将来のことなど多数の出来事または活動についての過剰な不安と心配が、少なくとも数か月間にわたる状態。また、本人がその不安を自分でコントロールするのが難しいと感じている状態 緊張感・疲れやすさ・怒りっぽさ・筋肉のこり(頭痛・肩こり)・不眠・集中困難などの症状が現れ、つらい状態が続くことがある 
パニック症	突然のパニック発作により強い恐怖や不快感に加えて、呼吸困難や動悸などが起こる。そして、また発作が起きるかも……という恐怖(予期不安)から特定の行動や特定の場所を避けたりする  これらの症状などの四つ以上が突然起こって、10分以内でピークになる　動悸　死への恐怖　吐き気　めまい　冷や汗　息切れ　胸の痛み　息苦しい　窒息感　腹痛　ふるえ　など

11

摂食障害

▶ 摂食障害とは

摂食障害は食事に関連した行動の異常が続く病気の総称です。代表的なのは**拒食症（神経性やせ症）**で、体重が増えることを過度に怖がり、極端な食事制限や運動、食後の嘔吐などを繰り返した結果、低体重を引き起こす病気です。栄養失調状態となり、低血圧、低血糖、内臓障害、骨粗しょう症、無月経といった症状を引き起こし、最悪の場合、死に至ることもあります。また、食欲のコントロールができずにむちゃ食いを繰り返すなどの食行動異常が見られる**過食症（神経性過食症）**を併発することも多いです。**ICD-11（国際疾病分類）**では「食行動症または摂食症」という名称が採用され、障害というよりも病気であることが強調されています。

極度な痩せを周囲から心配されても、自分の身体について正しい認知ができず（**ボディイメージのゆがみ**）、本人は病気という自覚がなく受診を拒否する場合があります。若い女性で痩せが顕著な場合、摂食障害が疑われやすいですが、消化器系疾患などの他疾患が原因の可能性もあるため、まずは受診を促すことが大切です。

▶ さまざまな要因が重なり合って発症する

単なるダイエットで止められず、摂食障害に陥るまで過食嘔吐を続けてしまう背景には、痩せを推奨する文化など文化社会的問題もありますが、何かしらの**心理的問題**が隠れていることも少なくありません。摂食障害の人の特性を見ると、もともとの自信のなさ（自己肯定感の欠如）や完璧主義な性格、保護者の過保護や愛着障害などが根本にあったりします。また、寛解（治癒）と悪化を繰り返すケースもあるので、治ったと思っても一時の状態で判断せず、長期的に心身の経過を観察していくことが必要です。

摂食障害の例

名　称	内　容
拒食症（神経性やせ症）	極端に食事を摂らなくなるタイプと、食べては吐くを繰り返して低体重を維持するタイプがある
過食症（神経性過食症）	過食がやめられず、その後に吐いたり下剤を必要以上に飲んだりする
むちゃ食い症（過食性障害）	嘔吐などによる排出の有無を問わず、食事摂取のコントロールができない状態
回避・制限性食物摂取症	食べることを拒否したり、無関心だったりすることで、体重減少や栄養不足などに陥る病気で、幼児期・早期小児期に多い
異食症	食べ物ではない物（紙、粘土、泥、毛など）を定期的に口にしてしまう病気
反芻症・吐き戻し症	意図的に食物の吐き戻しを繰り返す病気

拒食症（神経性やせ症）の症状

身体の変化

10～20代の若い女性に多い病気です。
小学生でも発症することもあります。

頭	髪のツヤがなくなる、毛量が減る
顔	顔色が悪い、繰り返しの嘔吐による唾液腺の腫れ　産毛の増加
歯	酸蝕症（胃酸による歯の溶け）
身体の中	消化器の異常、ホルモンの乱れ、便秘
手指	繰り返しの嘔吐による吐きだこ、手指の冷え、皮膚の乾燥
全身症状	むくみ、脱水、低血糖、筋量の低下、背が伸びない、骨粗鬆症、産毛の増加
その他	記憶力低下、元気がない、睡眠障害、疲れやすい

心の変化
・食べ物のことで頭がいっぱいになる。しかし、空腹感が欠如する
・ひきこもりがちで外出したがらない。しかし、過剰な運動や勉強などを行う
・こだわりが強くなる
・不安、イライラ、情緒不安定

第1章　障害児・難病児の支援で　まず知っておきたいこと

第2章　障害児・難病児に関する疾患・障害

第3章　障害児・難病児に関する法制度

第4章　障害児・難病児サービスの使い方

第5章　児童福祉サービスの実践事例

第6章　子どもと保護者への支援のあり方

12

愛着障害

愛着とは

　幼少期は親などの養育者と愛着を形成する時期です。**アタッチメント**（子から養育者へ安全や安心を得るために近づく行動）と**ボンディング**（養育者から子に向けられる情緒的な関心や愛情）の二つの概念を総称して**愛着**と呼びます。赤ちゃんは本能的に「お腹が空いた」などの要求を泣くことで伝えます。そのような要求に養育者が応じることで万能感が生じ、愛着形成がされていきます。しかし、その要求に養育者が応じないことが日常的に繰り返されると、次第に求めなくなっていきます。こうして要求や感情が満たされない状態が続くと、**愛着障害**の発症につながります。愛着障害は5歳までの間に発症しますが、その間に虐待を受けた子どもや、養育者との死別、コミュニケーションやスキンシップが極端に少ない家庭に育った子どもは愛着障害を起こしやすいです。

愛着障害の種類とその後の人間関係構築

　愛着障害の種類は、**反応性アタッチメント障害**と**脱抑制型対人交流障害**があります。反応性アタッチメント障害は、警戒心が強く相手に無関心で表情が乏しかったり攻撃的な態度をとったりするという様子が見られます。一方、脱抑制型対人交流障害は、無差別に人に甘え、過度に馴れ馴れしく初対面でもべったり抱き着いたりします。いずれの疾患もそのまま大人になると、衝動性や怒りがコントロールできなかったり、他者へ依存したり、自傷行為などの問題行動を引き起こしたりします。

　こうした子どもへの支援で大事なのは、**頼ったときに安心できる対象（安全基地）をつくること**です。相手への安心感が育めるようになると、それが心の拠りどころとなり、他者との交流のなかで自己肯定感や社会性を身につけていくことができます。

養育者が子どもの要求に
応じないでいると愛着障
害の発症につながる

アタッチメント

ボンディング

親　　　　　　　　　　　　　　子ども

愛着障害	症状の例
反応性アタッチメント障害 	・警戒心や恐怖心が強い ・人に対して安心や支援を求めようとしない ・悪ふざけをしたり、どこかを痛がったりするなど、試し行動が多い ・髪の毛や皮膚をかきむしるなど、自傷行為がみられる ・すぐに嘘をつく ・体が小さい、食べる量が少ない ・ちょっとしたことで、ひどく落ち込む ・自己評価が低く、「どうせ自分はできない」と言ってチャレンジしない ・喜びや悲しみの反応が乏しい ・「嫌われたらどうしよう」と、いつもびくびくしている
脱抑制型対人交流障害 	・過度に馴れ馴れしい ・知らない人に対する態度を調節することができない ・注目を集めようとする ・その場にそぐわない、空気を読めない行動をとる ・落ち着きがない ・乱暴な行動もしばしばとる ・過度にわがままである ・すぐに嘘をつく

第1章 障害児・難病児の支援でまず知っておきたいこと

第2章 障害児・難病児に関する疾患・障害

第3章 障害児・難病児に関する法制度

第4章 障害児・難病児サービスの使い方

第5章 児童福祉サービスの実践事例

第6章 子どもと保護者への支援のあり方

13

小児難病

難病・小児難病とは

　現在、医学の進歩によって、多くの疾患が治療できるようになってきました。しかし、現在でも治療方法がわからない、症状に対して行う対症療法しか行うことができない疾患があり、これらを総称して**難病**と呼んでいます。わが国の難病対策としては、1964（昭和39）年頃から生じたスモンへの対策を皮切りに行われてきましたが、現在では2015（平成27）年1月施行の「**難病の患者に対する医療等に関する法律**（以下、「**難病法**」という）」によって実施されています。この法律では難病を①発病の機構が明らかでない、②治療方法が確立していない希少な疾病である、③当該疾病にかかることにより長期にわたり療養を必要とする疾患である、として、そのなかでも医療費助成制度の対象となる疾患を**指定難病**と呼びます（➡ P.132）。

　小児難病は、特に小児に生じやすいものとして**小児慢性特定疾病**に認定されている疾患をさしており、1974（昭和49）年から治療研究事業が始まっています。2023（令和5）年9月時点で**16疾患群、788疾病が対象**です（➡ P.164）。

小児難病支援は「子どもの健全な育成」も目的の一つ

　小児慢性特定疾病の認定要件は指定難病とは異なります。根拠となる法律は**児童福祉法**であり、**子どもの健やかな成長発達を脅かす可能性がある疾患**が含まれています。つまり、指定難病と同様に疾患の治療方法の確立と普及、患者家庭の医療費の負担軽減などの目的に加えて、成長発達に重要である教育機関への通学・通園・通所や社会性の構築などを妨げるような生活となり得る疾患も含まれます。疾病を抱えた子どもの将来を向上するための支援が目的の一つである点が特徴です。

小児慢性特定疾病の16疾患群と代表的な病気

疾患群	代表的な病気
1. 悪性新生物	白血病　リンパ腫　骨髄異形成症候群　など
2. 慢性腎疾患	腎不全　腎炎　ネフローゼ症候群　など
3. 慢性呼吸器疾患	気道狭窄　気管支喘息　など
4. 慢性心疾患	慢性心筋炎・心膜炎　心房中隔欠損症　大動脈瘤　など
5. 内分泌疾患	下垂体機能低下症　甲状腺機能低下症　成長ホルモン不応性症候群　副甲状腺機能低下症　など
6. 膠原病	膠原病疾患　血管炎症候群　再発性多発軟骨炎　など
7. 糖尿病	1型糖尿病　2型糖尿病　など
8. 先天性代謝異常	アミノ酸代謝異常症　脂質代謝異常症　など
9. 血液疾患	血小板機能異常症　再生不良性貧血　血小板減少性紫斑病　など
10. 免疫疾患	複合免疫不全症　免疫調節障害　など
11. 神経・筋疾患	脊髄性筋萎縮症　脊髄小脳変性症　もやもや病　筋ジストニー　重症筋無力症　多発性硬化症　など
12. 慢性消化器疾患	難治性下痢症　炎症性腸疾患　肝硬変症　など
13. 染色体または遺伝子に変化を伴う症候群	ダウン（Down）症候群　18トリソミー症候群　など
14. 皮膚疾患群	先天性魚鱗癬　膿疱性乾癬　レックリングハウゼン病　など
15. 骨系統疾患	胸郭不全症候群　骨系統疾患　など
16. 脈管系疾患	脈管奇形　遺伝性出血性末梢血管拡張症　など

指定難病と小児慢性特定疾病の制度上の違い

	指定難病	小児慢性特定疾病
根拠法	難病法	児童福祉法
対象年齢	なし	18歳未満（継続の場合は20歳未満）
実施主体	都道府県・指定都市	都道府県・指定都市、中核市・児童相談所設置市
対象疾病の要件	下記の6要件を満たす疾病を厚生科学審議会の意見を聞いて厚生労働大臣が指定 ①発病の機構が明らかでない ②治療方法が確立していない ③希少な疾病である ④長期の療養を必要とする ⑤患者数が日本国内において一定の人数に達しない ⑥客観的な診断基準が確立している ※他の施策体系が樹立されていない疾病を対象とする	下記の4要件を満たす疾病を厚生労働大臣が社会保障審議会の意見を聞いて指定 ①慢性に経過する疾病であること ②生命を長期に脅かす疾病であること ③症状や治療が長期にわたって生活の質を低下させる疾病であること ④長期にわたって高額な医療費の負担が続く疾病であること

第1章　障害児・難病児の支援でまず知っておきたいこと

第2章　障害児・難病児に関する疾患・障害

第3章　障害児・難病児に関する法制度

第4章　障害児・難病児サービスの使い方

第5章　児童福祉サービスの実践事例

第6章　子どもと保護者への支援のあり方

14

ダウン症候群（染色体異常）

▶ 染色体異常とは

ヒトには46本の染色体があり、そのうち2本が性染色体（XXが女性、XYが男性）残りの44本（22対）を常染色体と呼んでいます。子どもは両親がもつ1対の染色体のうち1本ずつを引き継いで産まれますが、父母から1本ずつもらうべき染色体を2本もらったり、変異が起こったりすることがあります。こういった染色体の変化によって起こる病気は**染色体異常**と呼ばれ、数が増減するタイプ（数の異常）と形状が変わるタイプ（構造異常）に分かれます。

▶ ダウン症候群の特徴と発達

もっとも一般的な染色体異常の一つに**ダウン症候群**があります。同じ番号の染色体が2本であるべきところを3本になることをトリソミーといいますが、ダウン症候群は、**21番染色体の数が3本（21トリソミー）**となることが原因で起こります。特徴的な顔（ダウン症候群様特徴的顔貌）等によって、外見的にも判断しやすい疾患ですが、約半数の人が、出生時から心臓や消化管の疾患などの合併症を併発します。また、筋肉の緊張が低下しているという特性があり、身体発達が遅れる傾向にあります。また、知的発達や言語発達にも個人差があります。日本では毎年約2200人のダウン症候群の赤ちゃんが生まれており、これは600～800人に1人の割合です。

ダウン症候群の人は全体的にゆっくり発達することが多いですが、発達の道筋は通常の場合とほぼ同じで、ダウン症候群をもちながら健やかに成長し、学校生活や社会生活を送っている人も多いです。就学・就労には、発達の程度や必要な医療的ケアをふまえて、個々に合う選択が求められます。

ダウン症候群 図

第1章　障害児・難病児の支援でまず知っておきたいこと

第2章　障害児・難病児に関する疾患・障害

第3章　障害児・難病児に関する法制度

第4章　障害児・難病児サービスの使い方

第5章　児童福祉サービスの実践事例

第6章　子どもと保護者への支援のあり方

染色体異常の代表的な疾患

	ダウン症候群 （21 トリソミー）	18トリソミー	13 トリソミー
身体的な特徴	特徴的顔貌 発達障害 など	発達障害 など	発達障害 など
合併症	心疾患（50%） 消化管奇形（10%）など	心疾患（50%） など	心疾患（50%） など
寿命	50 〜 60 歳	50%は 1 か月以内 90%は 1 年以内	90%は 1 年以内

ダウン症候群の特徴的顔貌として
・平坦な顔面　・鼻が低い　・小さい耳
・眼裂斜上（つり目）　・巨舌　・内眼角贅皮
などがあります。

ダウン症候群の染色体 （21 番目の染色体が 3 本になっている）

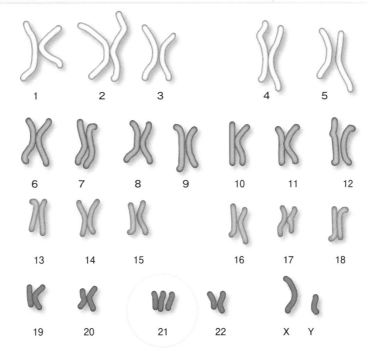

15

低身長症

低身長症とは

　母子手帳には年齢に応じた標準的な成長について記載されていますが、標準的な身長から**標準偏差の２倍以上身長が低い（-2SD）場合**、低身長症が疑われます。

　低身長を引き起こす疾患はいくつかあり、まずは何が原因で低身長になっているかを確認することが必要です。その原因として、成長ホルモンなどの内分泌の異常によるもの、ターナー症候群といった染色体異常によるもの、骨や軟骨に異常があるものがあります。ここでは、そのなかの一つである成長ホルモン分泌不全について説明します。

　成長ホルモン分泌不全は脳の下垂体やその近くの場所に何らかの障害があり、十分にはたらかないために成長ホルモンの分泌が正常ではない状態です。これまでの身長増加が突然停止し、それが２年以上続く場合にも成長ホルモン分泌の異常が疑われます。

適応があれば、成長ホルモン補充療法などが行われる

　成長ホルモン分泌不全のほか、低身長に関する治療には、**成長ホルモン補充療法**が有効な場合が多いです。具体的には自宅などで概ね１日１回、ペン型注射器で成長ホルモンを臀部、腹部、太もも、上腕などに自己注射します。また、定期的に受診して、血液検査や身長の伸び、二次性徴の程度などから治療継続について検討していきます。治療は非常に高額になるため、自治体ごとに定められている子ども医療費助成制度のほか、小児慢性特定疾病に該当する場合はそちらの申請も併せて行うとよいでしょう。

　なお、成長ホルモンに異常がない場合は成長に伴い身長も伸びてくることが多く、特別な治療はいりません。しかし、思春期早発症や甲状腺機能低下症に伴う低身長だった場合には必要な治療が異なるため、気になる場合は医師に相談をしてみましょう。

第1章 障害児・難病児の支援でまず知っておきたいこと

第2章 障害児・難病児に関する疾患・障害

第3章 障害児・難病児に関する法制度

第4章 障害児・難病児サービスの使い方

第5章 児童福祉サービスの実践事例

第6章 子どもと保護者への支援のあり方

成長ホルモンの補充 図

成長曲線

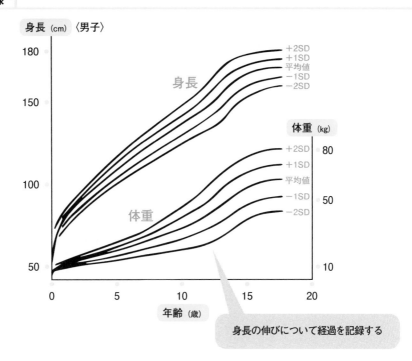

身長（cm）〈男子〉

180　+2SD
　　　+1SD
　　　平均値
150　−1SD
　　　−2SD

身長

体重（kg）

+2SD　80
+1SD
平均値
−1SD　50
−2SD

100

体重

50　　　　　　　　　　　　10

0　　5　　10　　15　　20

年齢（歳）

身長の伸びについて経過を記録する

成長ホルモン補充療法の注射

針は短くて細い

痛みは少ない

針が見えない注射器もある

小学校高学年になると子ども本人が自分で行うことが多いです。

16

1型糖尿病

▶ 1型糖尿病は2型糖尿病とは異なる病気

　生活リズムやストレス、食事などさまざまな理由で変動する血糖という値があります。その血糖を一定の範囲に収めてよい状態を保つためには、インスリンというホルモンのはたらきが影響します。**1型糖尿病**は、すい臓の機能異常等によりこのインスリンが不足することが原因で起こる病気です。日常でよく聞く糖尿病は、成人の生活習慣病や肥満などが関連する**2型糖尿病**であり、1型糖尿病とは発症のしくみが異なるため、全く別の病気ととらえてもよいでしょう。1型糖尿病の発症時期は乳幼児期から思春期までと幅広く、喉の渇き・多尿頻尿・体重減少・全身のだるさなどの自覚症状から受診し、血糖値やインスリン分泌能などの検査を経て診断される場合が多いです。

▶ 血糖コントロールをしながら一般的な日常生活が送れる

　インスリンは生命維持に不可欠であるため、インスリン自己注射などの方法で体の外からインスリンを補うことが必要となります。治療の基本は①**インスリン自己注射、②食事療法、③運動療法**です。また、その間も常に自身の血糖を意識して低血糖や高血糖にならないように**血糖コントロール**をしていきます。例えば、激しい運動は低血糖を引き起こすので、運動前に補食を摂るとよいでしょう。また、ドキドキするなど低血糖が疑われるときは、そのままだと意識を失い倒れることもあります。低血糖は補食を口にすると10分程で落ち着きます。こうした対応や病気について教員・友人など周囲の人と事前共有しておくとよいのですが、**学習や給食の内容など日常生活において特別視する必要はありません**。治療をしながら日常生活を送ることができ、病気と付き合いながら成長発達していくことが可能な病気です。

1型糖尿病と2型糖尿病の特徴

1型糖尿病
インスリンがすい臓でほとんどつくられなくなるために発症する

2型糖尿病
インスリンの量が少なかったり、インスリンが効きにくい状態（インスリン抵抗性）になるために発症する

1型糖尿病		2型糖尿病
子どもや若い人に多い	**発症年齢**	中高年に多い
急激な場合が多い 症状の悪化も急激	**発症のしかた**	緩やかに発症し、進行もゆっくり
やせ型が多い	**体型**	肥満型が多い
インスリン注射	**治療方法**	食事療法、運動療法、場合によっては薬物療法
すい臓のβ細胞が破壊されたため	**原因**	遺伝的要因に肥満、過食、運動不足などの要因が加わったため

外出時の持ち物

インスリン注射器

1日2～4回の注射が必要になるため、外出時には持ち歩く

低血糖になると
・冷や汗をかく　・ドキドキする
・お腹がすく　・頭がボーッとする
・顔面蒼白　・意識を失って倒れる

血糖測定器

血糖管理のため。いつでもどこでも自分で簡単に測ることができる

高血糖が続くと
慢性合併症のリスク
　・腎臓の病気
　・神経の病気
　・目の病気

お菓子・補食

低血糖になったときに、すぐに口に入れられるよう常備しておく
※授業中などどんな場面でも摂取が必要なときがある

血糖値のコントロールを自分でできるようになることが重要です。

第1章　障害児・難病児の支援でまず知っておきたいこと

第2章　障害児・難病児に関する疾患・障害

第3章　障害児・難病児に関する法制度

第4章　障害児・難病児サービスの使い方

第5章　児童福祉サービスの実践事例

第6章　子どもと保護者への支援のあり方

17

先天性甲状腺機能低下症

▶ 先天性甲状腺機能低下症（クレチン症）とは

　喉ぼとけの下にある甲状腺から出ている甲状腺ホルモンは、血液の流れに乗って全身の細胞にはたらきかけ、新陳代謝を活発にするはたらきのあるホルモンで、乳児期の神経発達にも大きく関係しています。小児慢性特定疾患の一つである先天性甲状腺機能低下症（クレチン症）は、**甲状腺でつくられるホルモンが十分につくられないために身体や脳にダメージを与え、知的障害を引き起こす病気**です。先天性甲状腺機能低下症は、生まれてから数日中に行う**新生児マススクリーニング検査**で見つかることが多く、検査で疑いがあった場合には、専門機関で血液検査や甲状腺超音波検査、膝のレントゲン検査等の精密検査が必要となります。実際にはマススクリーニング検査で指摘があった人のうち、先天性甲状腺機能低下症と確定されるのは約３割、日本における罹患者は約4000人に１人と推計されています。

▶ 先天性甲状腺機能低下症の予後とその後の治療

　先天性甲状腺機能低下症が疑われる場合は、乳児期の発達に影響しないように、まずは**甲状腺ホルモン製剤の内服治療**を開始します。特に知的障害を引き起こさないためには、生後１か月以内（新生児期）に治療を開始することが望ましいです。甲状腺ホルモン製剤内服による副反応は少ないため、治療開始が遅れることによるリスクを考えると、とにかく内服治療を早期に始めることが重要です。その後は２〜３歳で病型が確定し、治療の方針を検討することが多いです。確定診断を受けた後は、甲状腺ホルモンの薬を生涯にわたって飲み続ける必要がありますが、きちんと服薬し、定期的な受診をして経過観察をしていけば、恐れる病気ではないでしょう。

先天性甲状腺機能低下症の検査と症状 図

新生児マススクリーニング検査

マススクリーニング検査では20種類以上の疾患等について検査が行われています。

採血はかかとから、ごく僅かな血液のみ

赤ちゃんへの負担は少ないです。

新生児期の検査で見つからずに経過した場合の症状

小泉門（後頭部のへこみ）の開大

長引く黄疸（皮膚が黄色い）

声のかすれ

でべそ

巨舌（舌が大きく口からよく出ている）

むくみ

特徴的な症状が顕著に現れるわけではないため、症状からは判断が難しいです。診断には血液検査が鍵となります。

手足の冷え

便秘

体重が増えにくい

皮膚の乾燥

第1章 障害児・難病児の支援でまず知っておきたいこと

第2章 障害児・難病児に関する疾患・障害

第3章 障害児・難病児に関する法制度

第4章 障害児・難病児サービスの使い方

第5章 児童福祉サービスの実践事例

第6章 子どもと保護者への支援のあり方

18
小児がん

小児がんの種類

　小児がんとは、15歳までに罹るがんの総称で、さまざまな種類のがんを含みます。小児がんは、血液のがんである**白血病やリンパ腫**、脳にできるがんである**脳腫瘍**などの割合が高く、例えば白血病は、かつては不治の病ともされてきました。しかし現在は、医療の進歩によって治療しながら日常生活を送っている人が大勢います。

　症状や治療法はがんの種類によって異なります。一般的に、抗がん剤などによる化学療法や、放射線療法がなされます。成人のがんに比べて効果が高く有効な治療ではあるのですが、子どもたちの心身にとって非常に負担が大きい治療となります。また、がんの種類によっては、骨髄移植などの治療が必要になる場合もあります。

病気だけでなく生活全体を支援する

　小児がんの治療は長期にわたるため、**子どもの身体的・心理的・社会的な発達に影響を及ぼし得ることも課題の一つです。例えば、入院が長期化することにより学校や家庭での生活が送れないことは、本人および家族にとって大きな負担となるでしょう。そのため、小児がんの治療を行う病院では、**院内学級**が設置されていたり、遊びや学習のプログラムがあったりするなど学習機会の保障と復学支援への取り組みがされていることもあります。ただし、治療や体調が最優先であり、様子を見ながら個々のペースで進められます。

　また、がんに罹患している子どもが長期の入院や通院が必要になることは、その保護者やきょうだいにもさまざまな影響を及ぼします。それらを視野に入れ、包括的に支援することが望まれます。

小児がんの割合

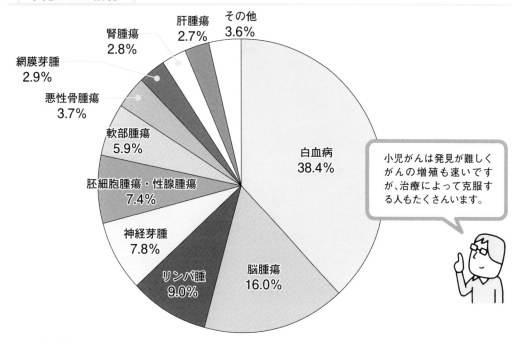

肝腫瘍
2.7%

その他
3.6%

腎腫瘍
2.8%

網膜芽腫
2.9%

悪性骨腫瘍
3.7%

軟部腫瘍
5.9%

胚細胞腫瘍・性腺腫瘍
7.4%

神経芽腫
7.8%

リンパ腫
9.0%

脳腫瘍
16.0%

白血病
38.4%

小児がんは発見が難しく
がんの増殖も速いです
が、治療によって克服す
る人もたくさんいます。

院内学級

治療中の子ども
などの場合、病
室での学習（個
別指導）を行う
こともある

院内では学年も進度も異な
るため個別対応などを行う

第1章 障害児・難病児の支援で まず知っておきたいこと

第2章 障害児・難病児に 関する疾患・障害

第3章 障害児・難病児に 関する法制度

第4章 障害児・難病児 サービスの使い方

第5章 児童福祉サービスの 実践事例

第6章 子どもと保護者 への支援のあり方

19

乳幼児健康診査

すべての親子が健やかに過ごすために

　日本では国民の健康を守るため、学校や就労の場等、さまざまな場所、年代において健診が実施されています。そのなかでも**乳幼児期は子どもの発達、成長にとって重要な時期**です。子どもの状態に合った支援が行われるよう、すべての自治体で**乳幼児健康診査**（以下、「**乳幼児健診**」という）の実施が義務づけられています。乳幼児健診の目的の一つは、医師や保健師などの専門職による診察・問診を中心とした**健康状態の把握**です。また、疾患・障害の早期発見やスクリーニングといった子どもの健康面に留まらず、育児相談や健康教育なども実施され、保護者の育児に対する**不安解消の役割**も担っています。歯科医師・歯科衛生士・看護師・助産師・心理職・栄養士・保育士・ボランティアなど多職種が連携し実施されることも多く、さまざまな専門家の視点から親子の状態をとらえることができる貴重な機会となっています。

健診の一時点だけでなく、継続した支援を実施

　現在、日本において、乳幼児健診は子どもの健康増進の中核を担っており、受診率は9割以上です。また健診の一時点で途切れるのではなく、継続的な支援が実施されています。例えば、健診で何らかの指摘があった場合、結果に応じて病院や発達相談機関、その他専門機関など他機関へ紹介したり、追加の検査などが行われたりする場合もあります。

　一方で未受診の場合、その背景に子どもや家庭に何らかの課題を抱えていることも少なくありません。そのため、未受診者には健診受診の再勧奨を行い、場合によっては家庭訪問を行うなど、子どもの状況や安全を確認するとともに、必要に応じて保護者の支援にもつなげていきます。

乳幼児健診（乳児健診・1歳6か月児健診・3歳児健診）の法的根拠

根拠（母子保健法）

第12条　市町村は、次に掲げる者に対し、厚生労働省令の定めるところにより、健康診査を行わなければならない。

1　満1歳6か月を超え満2歳に達しない幼児

2　満3歳を超え満4歳に達しない幼児

第13条　前条の健康診査のほか、市町村は、必要に応じ、妊産婦又は乳児若しくは幼児に対して、健康診査を行い、又は健康診査を受けることを勧奨しなければならない。

■乳幼児健診の意義と目的

個別の対象者状況だけでなく地域特性を知る	健康状況の把握	支援者との出会いの場	親子が参加し支援スタート
多面的なアプローチ	多職種による支援	一貫した行政サービスの提供	どこの地域でも支援が受けられる

母子保健事業の体系

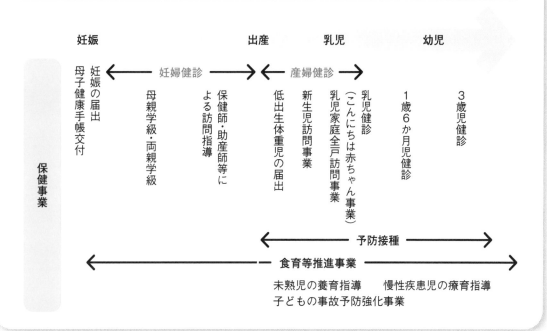

第1章 障害児・難病児の支援でまず知っておきたいこと

第2章 障害児・難病児に関する疾患・障害

第3章 障害児・難病児に関する法制度

第4章 障害児・難病児サービスの使い方

第5章 児童福祉サービスの実践事例

第6章 子どもと保護者への支援のあり方

第2章参考文献

- 内閣府「障害者白書 平成25年版」「障害者白書 令和4年版」
- 厚生労働省「発達障害の理解のために」
- 厚生労働省(2005)「知的障害児(者)基礎調査」
- 厚生労働省(2006)「身体障害児・者等実態調査」
- 厚生労働省(2022)「生活のしづらさなどに関する調査(全国在宅障害児・者等実態調査)」
- 厚生労働省「自立支援医療」
- 厚生労働省「障害児支援施策」
- 公益財団法人日本医療機能評価機構 脳性麻痺児の実態把握に関する疫学調査プロジェクトチーム「脳性麻痺児の実態把握に関する疫学調査報告書」(平成30年10月)
- 「産科医療補償制度」ホームページ

  http://www.sanka-hp.jcqhc.or.jp/index.html
- 「ICD-11『精神, 行動, 神経発達の疾患』分類と病名の解説シリーズ」精神神経学雑誌
- 本田秀夫『発達障害の早期発見・早期療育・親支援』金子書房, 2016.
- 日本産婦人科医会「妊産婦メンタルヘルスケアマニュアル」
- 日本甲状腺学会「甲状腺機能低下症ガイドライン2021」
- 奈良間美保『小児臨床看護各論 第14版』医学書院, 2020.
- 国立がん研究センターがん情報サービス「がん登録・統計」. 小児・AYA世代のがん罹患データ(2009年～2011年), 2018.
- 国立研究開発法人 国立成育医療研究センター「乳幼児健康診査事業実践ガイド」(平成30年3月)
- 乳幼児健康診査の実施と評価ならびに多職種連携による母子保健指導のあり方に関する研究班(2015)「標準的な乳幼児期の健康診査と保健指導に関する手引き～『健やか親子21(第2次)』の達成に向けて～」

第 3 章

障害児・難病児に
関する法制度

01

児童福祉法

子どもの福祉に関する基本的かつ総合的な法律

児童福祉法は、子どもの福祉全般に関する基本的かつ総合的な法律です。第二次世界大戦後の日本には、戦争により親を亡くした戦災孤児や浮浪児などが社会に多くいました。そのような状況のなか、子どもの保護や生活保障、健やかな育成を図るために、1947（昭和22）年に児童福祉法が制定されました。当時の児童福祉法では、「すべて児童は、ひとしくその生活を保障され、愛護されなければならない」（第1条第2項）とし、限定的ではなく、**すべての子どもの福祉を対象**としたことが特徴でした。また、「すべて国民は、児童が心身ともに健やかに生まれ、且つ、育成されるよう努めなければならない」（第1条第1項）と、私たち国民の責務についても示されていました。

「児童の権利に関する条約」の批准後

日本は、1994（平成6）年に児童の権利に関する条約を批准しました。これを受けて、児童福祉法（総則）の内容が2016（平成28）年に改正されました。その第1条には、「全て児童は、**児童の権利に関する条約の精神にのっとり（以下省略）**」等しく保障される権利を有すること、第2条には、「児童の年齢及び発達の程度に応じて、その**意見が尊重され、その最善の利益が優先して考慮され**（以下省略）」ること等が明記されており、児童福祉法が制定されて以来初めて理念に関する部分が改正されました。今後はさらに子どもの最善の利益が保障される取り組みが期待されています。

また、児童の育成については、保護者が第一に責任を負い、国や地方公共団体とともにその責任を負うことが示されました。つまり、保護者だけの責任ではなく、国や地方公共団体がバックアップしながら、社会全体で育成を担うものであるということです。

第1章 障害児・難病児の支援でまず知っておきたいこと

第2章 障害児・難病児に関係する疾患・障害

第3章 障害児・難病児に関する法制度

第4章 障害児・難病児サービスの使い方

第5章 児童福祉サービスの実践事例

第6章 子どもと保護者への支援のあり方

児童福祉法の構成

章	項目	主な内容
第1章	総則	国及び地方公共団体の責務／定義／児童福祉審議会等／実施機関／児童福祉司／児童委員／保育士
第2章	福祉の保障	療育の指導、小児慢性特定疾病医療費の支給等／居宅生活の支援／助産施設、母子生活支援施設及び保育所への入所等／要保護児童の保護措置等／被措置児童等虐待の防止等／障害児福祉計画　等
第3章	事業、養育里親及び養子縁組里親並びに施設	
第4章	費用	
第5章	国民健康保険団体連合会の児童福祉法関係業務	
第6章	審査請求	
第7章	雑則	
第8章	罰則	
附則		

近年における児童福祉法の主な改正内容

年	主な改正内容
2001年	保育士資格の国家資格化、主任児童委員の法定化
2004年	子どもに関する相談の第一義的窓口として市町村が位置づけられる、要保護児童対策地域協議会の設置（任意）
2005年	障害児の定義が法定化（身体障害児・知的障害児）
2008年	家庭的保育事業の法定化、里親制度の改正、小規模住居型児童養育事業（ファミリーホーム）の創設
2010年	障害児の定義に「精神に障害のある児童」（発達障害児を含む）が追加される、障害児に関する規定が児童福祉法に一本化される、障害児施設の一元化、障害児通所支援・障害児相談支援の創設
2012年	障害児の定義に「難病等の児童」が追加される
2014年	小児慢性特定疾病の基本方針の策定等
2016年	家庭と同様の養育環境における養育の推進、児童相談所の体制強化、国・都道府県・市町村の役割と責務の明確化、居宅訪問型児童発達支援の創設、障害児福祉計画の作成
2022年	市区町村に「こども家庭センター」設置の努力義務

02

児童福祉施設

▶ 障害種別の一元化

　第二次世界大戦後の日本では、障害種別に応じた法制度が成立し、拡充が図られてきましたが、制度間の格差や制度の谷間に陥るといった弊害がないわけではありませんでした。そのため、2006（平成18）年に制定された障害者自立支援法では、身体障害、知的障害、精神障害の三障害に関する制度や支援が一元化されました。これを受けて、児童福祉施設も、2012（平成24）年の児童福祉法改正により、以前は障害種別によって分かれていた施設を**通所による支援（障害児通所支援）と入所による支援（障害児入所支援）に再編**することになりました。

▶ 三つに大別された児童福祉施設

　障害種別を一元化した結果、児童福祉施設は、**助産施設、乳児院、母子生活支援施設、保育所、幼保連携型認定こども園、児童厚生施設、児童養護施設、障害児入所施設、児童発達支援センター、児童心理治療施設、児童自立支援施設**および**児童家庭支援センター**の12種類になりました（児童福祉法第7条）。社会的養護や障害のある子どもを対象としている施設もあれば、児童館や児童遊園などの児童厚生施設もあります。これらを大別すると、子どもたちが生活する**入所施設**、自宅等から通う**通所施設**、**利用施設**の三つに分けることができます。これらの施設の利用にあたっては、子どもや保護者の意思・選択で利用可能な施設と、行政機関による措置で決定する施設があります。

　児童福祉施設の目的や役割、対象となる児童等は児童福祉法に定められています。各施設にはそれぞれ専門職が配置されており、職員配置や設置基準等は**「児童福祉施設の設備及び運営に関する基準」**で確認することができます。

児童福祉施設 図

第1章 障害児・難病児の支援で まず知っておきたいこと

第2章 障害児・難病児に 関係する疾患・障害

第3章 障害児・難病児に 関する法制度

第4章 障害児・難病児 サービスの使い方

第5章 児童福祉サービスの 実践事例

第6章 子どもと保護者 への支援のあり方

分類	施設	主な対象者	施設数※
入所	助産施設	経済的理由から入院助産を受けることができない妊産婦	382か所
	乳児院	乳児	145か所（2022年）
	母子生活支援施設	配偶者のない女子等およびその者の監護すべき児童	217か所（2022年）
	児童養護施設	保護者のない児童、虐待されている児童、その他、環境上養護を要する児童	612か所（2022年）
	障害児入所施設	障害児	（福祉型）249か所 （医療型）222か所
入所 または 通所	児童心理治療施設	家庭環境、学校における交友関係、その他の環境上の理由により社会生活への適応が困難となった児童	53か所（2022年）
	児童自立支援施設	不良行為を行った（行うおそれのある）児童、家庭環境その他の環境上の理由により生活指導等を要する児童	58か所（2022年）
通所	保育所等	保育を必要とする乳児・幼児	（保育所）2万3899か所（2022年） （保育所型認定こども園）1396か所（2022年）
	幼保連携型 認定こども園	満3歳以上の幼児および保育を必要とする乳児・幼児	6655か所（2022年）
	児童発達支援センター	障害児	（福祉型）676か所 （医療型）95か所
利用	児童厚生施設	児童	（児童館）4347か所 （児童遊園）2121か所
	児童家庭支援センター	児童およびその家庭等	167か所（2022年）

※2021年10月1日現在。（2022年）と記してあるものは除く

03

児童福祉法サービス①
障害児通所支援(児童通所支援)

障害児通所支援とは

障害児通所支援とは、「児童発達支援、医療型児童発達支援、放課後等デイサービス、居宅訪問型児童発達支援及び保育所等訪問支援」(児童福祉法第6条の2の2、令和5年度時点)のことであり、2012(平成24)年の**児童福祉法改正**により始まった制度です。これ以前は、障害児通園施設、児童デイサービス、重症心身障害児(者)通園事業等に分かれており、これらが統合されて障害児通所支援として位置づけられるようになりました。障害のある子ども(発達支援を必要とする子ども)は、**子どもとしての育ちを保障するとともに、障害やそれぞれの発達に応じた専門的な支援を図っていくことが必要**です。障害児通所支援では、障害のある子どもが**住んでいる地域で、自宅から通って、必要な支援(発達支援)を受けることができる制度**で、日常生活における基本的な動作の指導、知識技能の付与、生活能力の向上のために必要な訓練等を行っています。

障害児通所支援の利用

障害児通所支援を利用するためには、市区町村に申請を行い、**通所受給者証**を取得する必要があります。通所受給者証には、保護者と児童の情報、サービスの種類、その支給量(日数や時間数)、負担上限月額等が記載されます。支給量は、子どもや保護者の状況や環境、利用意向などをふまえて審査が行われて決定されます。利用料の1割が自己負担(前年度の所得に応じて上限額が設定)となります。障害児通所支援は、利用者が事業者と対等な関係で契約を結んでサービスを受けることができる利用契約制度のもと、事業所ごとにさまざまな特色があるため、**子ども自身がどのような施設がよいか、どのような支援が必要かなどを考え、選択することが大切**です。

第 1 章 障害児・難病児の支援でまず知っておきたいこと

第 2 章 障害児・難病児に関係する疾患・障害

第 3 章 障害児・難病児に関する法制度

第 4 章 障害児・難病児サービスの使い方

第 5 章 児童福祉サービスの実践事例

第 6 章 子どもと保護者への支援のあり方

障害児通所支援の全体像

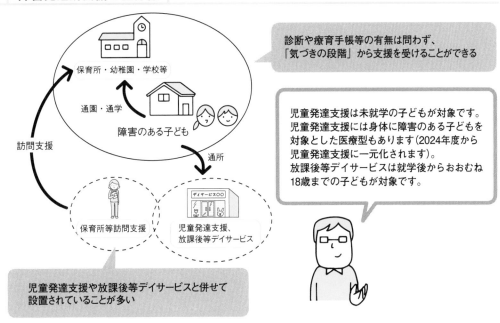

診断や療育手帳等の有無は問わず、「気づきの段階」から支援を受けることができる

児童発達支援は未就学の子どもが対象です。児童発達支援には身体に障害のある子どもを対象とした医療型もあります（2024年度から児童発達支援に一元化されます）。放課後等デイサービスは就学後からおおむね18歳までの子どもが対象です。

保育所・幼稚園・学校等

通園・通学

障害のある子ども

訪問支援

通所

保育所等訪問支援

児童発達支援、放課後等デイサービス

児童発達支援や放課後等デイサービスと併せて設置されていることが多い

障害児通所支援の利用

利用するには
①見学・相談

まずは地域の窓口や事業所に相談する。事業所を見学し、支援内容は子どものニーズに合っているか、通いやすいかなどを確認しておくことも大切

②住んでいる市区町村の窓口に申請

かかりつけの医療機関等で診断書を準備しておく

③児童支援利用計画（案）の作成・提出

相談支援事業所と契約し、相談支援専門員が子どもの状況や生活状況等を聞き取りながら（アセスメント）、児童支援利用計画（案）を作成する

④支給決定・受給者証交付

申請から交付までの期間は、地域や時期によって異なる（2週間〜2か月程度）

⑤事業所と契約・利用開始

受給者証の内容をもとに、利用契約を行う。事業所は児童支援利用計画の作成が必要

04

児童福祉法サービス②
児童発達支援

■ 障害のある子どもへの身近な地域での支援のために

　未就学の障害のある子どもを対象に日常生活における基本的な動作の指導、知識技能の付与、集団生活への適応訓練等の発達支援を提供するものとして位置づけられたものが**児童発達支援**です。児童発達支援には、医療機関等で身体に障害のある子どもに対して発達支援および治療を行う「**医療型児童発達支援**」（2024（令和6）年度より児童発達支援に一元化）があります。また、外出することが著しく困難な重度障害の状態である子ども等を対象に、その子どもの居宅を訪問して支援を行う、「**居宅訪問型児童発達支援**」があります。

■ 支援の質を担保するために

　児童発達支援の事業所数や利用児童数は年々増加しており、2012（平成24）年4月には約2800か所であった事業所数は、2021（令和3）年には1万か所以上に増えています。2014（平成26）年に取りまとめられた報告書「今後の障害児支援の在り方について」では、「障害児支援の内容については、各事業所において理念や目標に基づく独自性や創意工夫も尊重されるものである」としながらも、「支援の一定の質を担保するための全国共通の枠組みが必要である」とし、2015（平成27）年に「放課後等デイサービスガイドライン」、2017（平成29）年に「**児童発達支援ガイドライン**」が制定されました。ガイドラインには、障害児支援の基本理念、児童発達支援の役割や原則、支援の内容等が示されており、各事業所には、この内容をふまえつつ、個々の子どもの状況や実情に応じて創意工夫を図り、その機能および質の向上に努めることが求められています。

児童発達支援事業所の設置数

- 10000 ── ──── ──── ──── ──── ──── ──── 8849 ── 1万183
- 8000 ── ──── ──── ──── ──── ──── 7653
- 6000 ── ──── ──── ──── 4984 5981 6756
- 4000 ─ 2804 ─ 2802 ── 3258 3942
- 2000
- 0

2012年 2013年 2014年 2015年 2016年 2017年 2018年 2019年 2020年 2021年

児童発達支援事業所数
(居宅訪問型児童発達支援を除く)

> 事業所数が年々増加していくなかで、一定の質を
> どのように担保していくかが課題になっています。

児童発達支援の内容

発達支援

移行支援　　本人支援

健康・生活　健康状態の維持・改善、
生活リズムの獲得など

移行先（保育所等）との
連携、支援体制の構築等

人間関係・
社会性

障害のある
子ども

運動・感覚　姿勢と運動・動作の向上、
補助的手段の活用など

他者とのかかわりの形成、
仲間づくりと集団への参加など

言語・コミュ
ニケーション

認知・行動　認知の発達と行動の習得、
概念形成の習得など

言語の形成と活用、
コミュニケーション能力の向上など

家族支援

> 一人ひとりのニーズや支援目標
> を達成するためには、発達支援・
> 家族支援・地域支援の内容を適
> 切に選択し、組み合わせていく
> ことが必要となる

家族からの相談に対する適切な助言やアタッチメント形成（愛着行動）等
の支援、家庭の子育て環境の整備、関係者・関係機関との連携による支援

地域支援

地域の子育て環境の構築、地域に
おける連携の核としての役割

第1章 障害児・難病児の支援で まず知っておきたいこと

第2章 障害児・難病児に 関係する疾患・障害

第3章 障害児・難病児に 関する法制度

第4章 障害児・難病児 サービスの使い方

第5章 児童福祉サービスの 実践事例

第6章 子どもと保護者 への支援のあり方

05

児童福祉法サービス③
放課後等デイサービス

▶ 基本的な三つの役割

　放課後等デイサービスは、障害のある学齢期の児童が、主に放課後や休日、長期休暇等に利用できる、児童福祉法に位置づけられている支援です。**障害のある子どもだけでなく、発達に特性がある等、気になる子どもも利用しています。**

　基本的役割は三つあります。一つ目は、**子どもの最善の利益の保障**です。個々の状況に応じた発達支援を行うことにより、子どもの最善の利益の保障と健全な育成を図ることを目指しています。二つ目は、**共生社会の実現に向けた後方支援**です。インクルージョンを進めるための視点とともに、専門的な知識・経験に基づき、一般的な子育て支援施策等をバックアップしたり、連携を図ったりすることが求められています。三つ目は、**保護者支援**です。具体的には、子育ての悩み等に対する相談、ペアレント・トレーニング、レスパイトケア等を行うことにより、保護者が子どもに向き合うゆとりや自信を回復し、子どもの発達にも好ましい影響を及ぼすことが期待されています。

▶ 学齢期の豊かな発達のための「第三の世界」

　放課後等デイサービスは、障害のある子どもの放課後等における居場所の確保、保護者や家族のレスパイト等という意味合いも強いのですが、**子どもにとっては、家庭でも、学校でもない「第三の世界」**といえます。子どもや保護者の思い、ニーズはさまざまであり、提供される支援の形態も多種多様になっています。一人ひとりに合ったサービスを選択できるという意味では、支援の多様性は否定されるべきではありませんが、子どもの最善の利益を守り、子どもの健全な育成を図るための支援であるということをふまえておく必要があります。

第1章 障害児・難病児の支援で まず知っておきたいこと

第2章 障害児・難病児に 関係する疾患・障害

第3章 障害児・難病児に 関する法制度

第4章 障害児・難病児 サービスの使い方

第5章 児童福祉サービスの 実践事例

第6章 子どもと保護者 への支援のあり方

放課後等デイサービス 図

放課後等デイサービスの支援機能

支援の視点	学童期	思春期	成人期

本人支援

・療育（発達支援）の継続
　・障害特性に応じた個別の支援
　　・年齢に応じた遊びや交友関係の支援
　　　・本人の生活スタイルを見つける

家族支援

・子どもとのかかわり方に関する専門的な助言
・子どもを預かることで親の安心感や休息につながる
・養育者から支援者へ移行するための関係性の調整
　・家族における本人の役割、家族の役割についての整理と調整
　　・一人で過ごせるための制度利用や方法の助言

地域連携

・家庭と学校、事業所間の共通理解を図るための連携
・障害特性に応じた環境整備や支援方法についての連携
　・障害特性や支援方法を卒後につなぐための連携

放課後等デイサービス事業所数

2012年 3107
2013年 3909
2014年 5267
2015年 6971
2016年 9385
2017年 1万1301
2018年 1万2734
2019年 1万3980
2020年 1万5519
2021年 1万7372

放課後等デイサービス事業所数

06

児童福祉法サービス④
保育所等訪問支援

▶ 日常活動の場に訪問して行う支援

保育所等訪問支援とは、障害のある子どもや発達が気になる子どもに対し、訪問支援員が、子どもが日中を過ごす保育園、幼稚園、学校などを訪問して、日常活動の場に加わって支援したり（**直接支援**）、ふだんの様子を先生等から聞き取り、環境調整やかかわり方について話し合ったり、助言を行ったり（**間接支援**）するものです。児童発達支援や放課後等デイサービス等を行う事業所と保育所等の日常活動の場、地域機関等が連携し、地域で子どもの育ちを支援することを目標としています。訪問支援員は、児童発達支援センターなどで指導経験のある児童指導員や心理担当職員などの専門職が行っています。2012（平成24）年から始まった障害児通所支援の一つであり、個別給付で実施する初めての訪問型事業です。

▶ つながりながら地域で支援を受けることができるように

これまでの障害のある子どもに対する支援は、教育、児童福祉、障害福祉等、それぞれの法制度のもとに、それぞれの専門職が目的をもって、別々に行われてきたため、お互いの現場に入り込みにくい状況があったり、子どもの姿やどのような支援を行っているのかという情報の共有がされにくかったりしていました。このようななかで始まった保育所等訪問支援は、子どもが日常生活を送っている、慣れ親しんだ場所での支援ができること、直接支援も行えること、保護者のニーズに対応できることなどの特徴があります。これまでの連携では、情報共有が中心になりがちでしたが、これらを同時に行い地域でつながることによって、**障害のある子どもが地域で育ちながら専門的支援を受けることができる**と期待されています。

保育所等訪問支援の概要

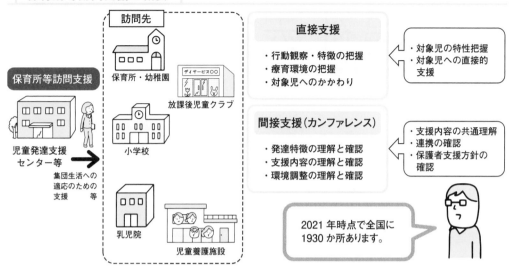

訪問先

保育所・幼稚園

デイサービス○○
放課後児童クラブ

小学校

乳児院

児童養護施設

保育所等訪問支援

児童発達支援
センター等

集団生活への
適応のための
支援　等

直接支援

・行動観察・特徴の把握
・療育環境の把握
・対象児へのかかわり

・対象児の特性把握
・対象児への直接的
　支援

間接支援（カンファレンス）

・発達特徴の理解と確認
・支援内容の理解と確認
・環境調整の理解と確認

・支援内容の共通理解
・連携の確認
・保護者支援方針の
　確認

2021年時点で全国に
1930か所あります。

保育所等訪問支援の利用受付の流れ

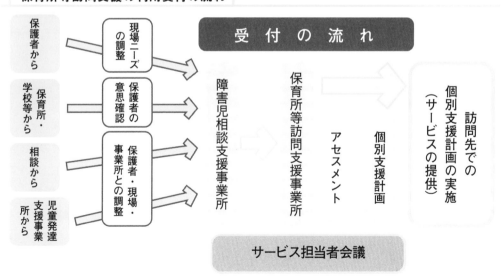

保護者から

保育所・
学校等から

相談から

児童発達
支援事業
所から

現場ニーズ
の調整

保護者の
意思確認

保護者・現場・
事業所との調整

受 付 の 流 れ

障害児相談支援事業所

保育所等訪問支援事業所

アセスメント

個別支援計画

訪問先での
個別支援計画の実施
（サービスの提供）

サービス担当者会議

07
児童福祉法サービス⑤
障害児入所支援

▶ 障害種別ごとではなく、「福祉型」と「医療型」に分類

障害児入所支援には「**福祉型**」と「**医療型**」があります。障害児入所支援とは、障害児入所施設に入所、または発達支援医療機関に入院する障害児に対して行われる保護、日常生活を送る上で必要となる指導や、自立に向けて必要となる知識や技能を身につけるための支援のことであり、医療型の場合は、これらに合わせて治療も行われます。

以前の障害児入所施設では、障害種別によって施設が整備されていましたが、障害の重複化等をふまえて複数の障害に対応することができるよう、障害種別ではなく、医療の提供の有無により「福祉型」と「医療型」に再編されました。利用対象は、身体障害、知的障害、発達障害を含む精神障害のある原則18歳未満で、児童相談所、市町村保健センター、医師等により療育の必要性が認められた児童です。

▶ 対象者と施設の役割

障害児入所施設には、さまざまな理由で子どもが入所していますが、そのなかで、措置で入所している子どもは、虐待（疑いを含む）、家庭での養育困難、保護者の疾病などによる入所が増えています。厚生労働省の「今後の障害児支援の在り方について」（2014（平成26）年）では、障害児入所施設が担うべき機能として「**発達支援機能**」「**自立支援機能**」「**社会的養護機能**」「**地域支援機能**」の四つが示されており、障害に対する支援だけでなく、社会的養護の観点から果たす役割も大きくなっています。家庭から離れて生活する子どもに「できる限り良好な家庭的環境」での養育を行うことと合わせて、家庭復帰に向けた子どもと家族の関係性の再構築や家庭生活を送るための環境調整等を行うことも求められています。

第1章 障害児・難病児の支援でまず知っておきたいこと

第2章 障害児・難病児に関係する疾患・障害

第3章 障害児・難病児に関する法制度

第4章 障害児・難病児サービスの使い方

第5章 児童福祉サービスの実践事例

第6章 子どもと保護者への支援のあり方

障害児入所施設（支援）の種類と機能

福祉型障害児入所施設	保護、日常生活の指導および独立自活に必要な知識技能の付与
医療型障害児入所施設	保護、日常生活の指導、独立自活に必要な知識技能の付与および治療（医療法上の病院の指定）

障害児入所施設（支援）が担うべき機能

① 重度・重複障害、行動障害、発達障害等多様な状態像への対応のための「発達支援機能（医療も含む）」
② 退所後の地域生活、障害者支援施設への円滑な移行、就労へ向けた対応のための「自立支援機能」
③ 被虐待児童等の対応のための「社会的養護機能」
④ 在宅障害児および家族への対応のための「地域支援機能」

具体的な機能としては、短期入所等による家族支援、親子入所等による保護者の育児能力向上への支援、医療機能をもつ施設については医療支援、児童福祉施設等への専門的な支援、施設での実地研修や出張研修による人材育成、あるいは地域住民が障害児者に対する理解を深めるための活動等が期待されている

福祉型障害児入所施設の入所理由

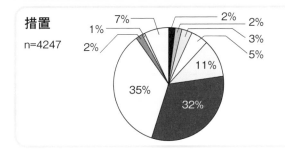

措置
n=4247

7% / 2% / 2% / 3% / 5% / 11% / 32% / 35% / 2% / 1%

■ 親の離婚
■ 親の死別
　親の失踪
　家庭の経済的理由
　保護者の疾病
■ 保護者の養育力不足
　虐待（疑い含む）
■ 育児疲れ（レスパイト）
　リハビリ（治療入所）
　その他

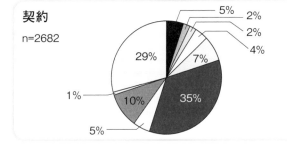

契約
n=2682

5% / 2% / 2% / 4% / 7% / 35% / 5% / 10% / 1% / 29%

■ 親の離婚
■ 親の死別
　親の失踪
　家庭の経済的理由
　保護者の疾病
■ 保護者の養育力不足
　虐待（疑い含む）
■ 育児疲れ（レスパイト）
　リハビリ（治療入所）
　その他

08

児童福祉法サービス⑥
児童養護施設

家庭に代わる子どもたちの家

児童養護施設は、保護者のない子ども、虐待されている子ども、その他の環境上養護を要する子どもを入所させて、これを養護し、併せて退所した者に対する相談、その他の自立のための援助を行うことを目的とした施設です。特に必要のある場合を除き、乳児を除いた原則18歳までの子どもが対象です。以前は一つの建物で多くの子どもが暮らす大舎制の施設が多くありましたが、近年ではより家庭に近い養育環境を整えるため、**施設の小規模化や地域分散化**の取り組みが進められています。子どもたちの生活に直接かかわる保育士や児童指導員のほかに、家庭支援専門相談員（ファミリーソーシャルワーカー）、心理療法担当職員等の専門職が配置されており、子ども一人ひとりの個別のニーズに対応しています。施設内における支援だけでなく、**自立を見据えた支援や退所後のアフターケア**等も行っています。

入所している子どもたち

かつては、親の行方不明や離婚を理由とする入所が多くありましたが、近年では虐待や親の精神疾患を理由とする入所が大半を占めています。虐待を受けた子どもは、感情コントロールが困難、自己肯定感が低い、対人関係が不安定等の特徴があることが多く、PTSD（心的外傷後ストレス障害）等の症状が見られる子どもも少なくありません。このような場合には、子どもの状況に応じて、心理的ケアや治療的ケアを行うことがあります。また、発達障害などの特別な配慮を要する子どもの入所も増えてきており、より専門的な理解や援助が必要になってきています。そのため、職員同士の連携だけでなく、**児童相談所や医療機関、学校などの他機関・他職種との連携**が求められています。

第1章 障害児・難病児の支援で まず知っておきたいこと

第2章 障害児・難病児に 関係する疾患・障害

第3章 障害児・難病児に 関する法制度

第4章 障害児・難病児 サービスの使い方

第5章 児童福祉サービスの 実践事例

第6章 子どもと保護者 への支援のあり方

● 児童養護施設入所児童数

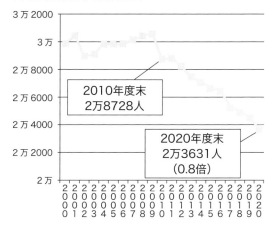

2010年度末
2万8728人

2020年度末
2万3631人
（0.8倍）

過去10年で児童養護施設の入所児童数は約2割減少。一方で、里親・ファミリーホームは約1.8倍になっています。

● 児童の入所理由

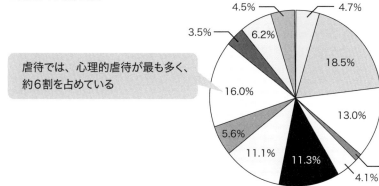

虐待では、心理的虐待が最も多く、約6割を占めている

- 親の死亡 4.7%
- 親の行方不明 18.5%
- 両親の離婚 13.0%
- 両親の不和 1.6%
- 親の拘禁 4.1%
- 親の入院 11.3%
- 親の就労 11.1%
- 親の精神疾患 5.6%
- 虐待 16.0%
- 経済的な問題 3.5%
- 児童の問題 6.2%
- その他 4.5%

障害等のある児童の増加

28.5%　36.7%

2013　2018
児童養護施設

児童養護施設に入所している児童の4割近くに障害等があり、より専門的な支援が必要となっている。割合の多い順は、
①知的障害　13.6%
②広汎性発達障害（自閉スペクトラム症）　8.8%
③注意欠陥・多動症（ADHD）　8.5%
④反応性愛着障害　5.7%

09

児童福祉法サービス⑦
児童心理治療施設

▶ 情緒障害のある児童を対象とした施設

　児童心理治療施設とは、情緒障害のある児童が短期入所、または保護者のもとから通い、社会生活に適応するために必要な心理に関する治療や生活指導などを行う施設です。以前は情緒障害児短期治療施設という名称でしたが、2017（平成29）年から児童心理治療施設に変更されました。**情緒障害とは、明確な定義はありませんが、周囲の環境からストレスを受けたりすることで、心理面（情緒面）に問題が生じ、自分の意志ではコントロールできないことにより、学校生活や社会生活に適応することが難しい状態**をさします。具体的には、不登校や反抗、窃盗などの問題行動、チックや爪かみ、拒食などの神経症状などが挙げられます。被虐待児童の入所も増えており、その対応が課題になっています。設置されていない県もありますが、徐々に設置が進められ、現在では全国で53施設（2022（令和4）年3月）となっています。

▶ 治療の場として

　児童心理治療施設では、社会生活に適応するために必要な心理療法や生活指導、教育を行っています。実際の取り組みでは、**「総合環境療法」**といって、施設全体を治療の場であるとし、施設内で行っているすべての活動が治療であるという考えのもとで支援が行われています。具体的には、①医学・心理治療、②生活指導、③学校教育、④家族との治療協力、⑤地域の関係機関との連携を治療の柱として、医師や心理士、児童指導員などの多職種による連携によって支援していきます。また、子どもへの支援だけでなく、保護者への支援も重要であるとし、保護者へのさまざまな支援を通して、家庭環境の調整や親子関係の再構築につなげています。

児童心理治療施設と総合環境療法 図

児童心理治療施設とは

根拠法	児童福祉法第43条の2
対象	社会生活への適応が困難な20歳未満の子どもたち
入所	児童相談所による判定
利用形態	入所・通所
施設数	53（2022年）

入所児童の78.1％に被虐待経験がある

障害のある児童の入所が増えている。特にADHDや自閉スペクトラム症の児童は、5年間で約1.5倍になっている

72.9%　85.7%

2013　2018
障害のある児童の割合

総合環境療法

医学・心理治療	児童精神科医やセラピストが週1回程度行っているほか、プレイセラピーや集団療法、必要に応じて投薬等も行うことがある
生活指導	保育士と児童指導員が担当。基本的生活習慣を身につけたり、集団のなかで協調性や適応力を身につけていく
学校教育	敷地内に分校がある施設もある。教育委員会と連携をとりながら、一人ひとりにあった教育を行っている
家族との治療協力	家庭支援専門相談員等が相談を受けながら、家族の相談にも応じる
地域の関係機関との連携	児童相談所や行政機関等の関係機関とも連携をとりながら、退所後に向けた支援も行う

第1章 障害児・難病児の支援でまず知っておきたいこと

第2章 障害児・難病児に関係する疾患・障害

第3章 障害児・難病児に関する法制度

第4章 障害児・難病児サービスの使い方

第5章 児童福祉サービスの実践事例

第6章 子どもと保護者への支援のあり方

10

児童福祉法サービス⑧

児童自立支援施設

▶ 非行や家庭環境上の課題に対応

児童自立支援施設とは、不良行為をしたり、また、それをするおそれのある子どもや家庭環境上の理由等により支援が必要な子どもに対し、一人ひとりの子どもの状況に応じた支援を行い、その子どもの健全な育成を図ることを目的とした施設です。古くは明治時代に感化院として始まり、非行少年等を保護・教育してきましたが、近年では、障害のある子どもや被虐待児童、家庭環境に課題がある児童の入所が増加しており、表面化している非行問題の背景に、発達上の課題や家庭環境の課題があることもあります。それらに対応するため、より専門的な支援が求められるようになっています。

▶ 家庭的な雰囲気のなかでの規則正しい生活

かつては、入所した子どもと夫婦職員が家族のように暮らす「**夫婦小舎制**」による運営が多くありましたが、現在では「交替制」の施設も増加しています。どちらの場合であっても、**施設での生活や行事等を子どもと職員が一緒に経験することによって、子どもと職員がともに生活し、育ち合う「共生共育」**が基本理念になっています。

なかなか内情を知る機会が少ない施設ではありますが、実際に生活をしたことがある人に施設内の様子を聞くと、毎日、日の出とともに起床し、ランニングなどの運動や畑作業、陶芸などの作業を行う時間があり、職員の話を聞く時間や自分自身のことを振り返る時間なども設けられているとのことです。家庭的な雰囲気のなかで、毎日規則正しい生活をすることによって、心身の安定や自立を目指した支援が行われています。また敷地内の学校では、出身学校との連携を取りながら、一人ひとりに合わせた学習支援が行われています。

● 児童自立支援施設の入所経路

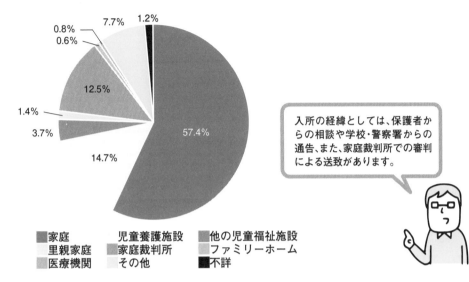

7.7%　1.2%
0.8%
0.6%
12.5%
1.4%
3.7%
14.7%
57.4%

入所の経緯としては、保護者からの相談や学校・警察署からの通告、また、家庭裁判所での審判による送致があります。

- ■ 家庭
- □ 里親家庭
- ▨ 医療機関
- 児童養護施設
- ▨ 家庭裁判所
- その他
- ■ 他の児童福祉施設
- □ ファミリーホーム
- ■ 不詳

● 入所児童の心身の状況

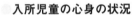

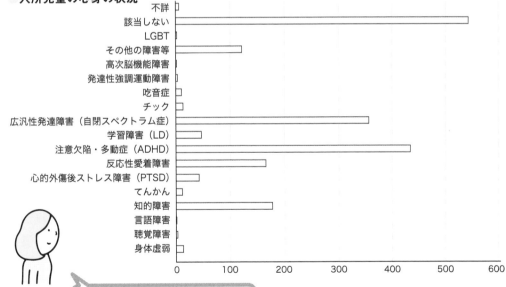

不詳
該当しない
LGBT
その他の障害等
高次脳機能障害
発達性強調運動障害
吃音症
チック
広汎性発達障害（自閉スペクトラム症）
学習障害（LD）
注意欠陥・多動症（ADHD）
反応性愛着障害
心的外傷後ストレス障害（PTSD）
てんかん
知的障害
言語障害
聴覚障害
身体虚弱

0　100　200　300　400　500　600

児童福祉施設のなかでも児童自立支援施設には反応性愛着障害を抱えている子どもが多いのが特徴です。

第1章　障害児・難病児の支援でまず知っておきたいこと

第2章　障害児・難病児に関係する疾患・障害

第3章　障害児・難病児に関する法制度

第4章　障害児・難病児サービスの使い方

第5章　児童福祉サービスの実践事例

第6章　子どもと保護者への支援のあり方

11

児童相談所

子ども家庭福祉の専門機関

児童相談所は、児童福祉法に基づいて設置されている機関です。最近では、子ども相談センターや子ども家庭センター等といった名称を用いているところもあります。**都道府県および政令指定都市には設置する義務がある**ほか、中核市で設置している自治体もあり、2022（令和4）年4月現在、全国で228か所設置されています。

児童相談所の主な業務は、①子どもに関して家庭や学校から専門的な**相談**に応じること、②子どもおよび家庭に対して必要な調査を行い、特別児童扶養手当や療育手帳等の**判定**を行うこと、③その調査や判定に基づき、子どもや保護者に必要な**指導**を行うこと、④子どもを**一時保護**すること、⑤保護が必要な子どもを児童福祉施設に**措置**することです。児童虐待件数の増加や早急に対応が必要なケースの増加に伴い、2004（平成16）年に児童福祉法の改正で子どもに関する相談の第一義的窓口は市町村となり、児童相談所はその後方支援機関として、専門性を要する相談や児童虐待等の難しいケースに対応することになりました。

児童虐待対策を強化するために

児童虐待が増加し続けるなか、児童虐待対策を強化するために、児童福祉法は度重なる改正をしています。2016（平成28）年の児童福祉法改正では、東京23区に児童相談所を設置することが可能となったり、児童相談所の役割に「弁護士の設置またはそれに準ずる措置」を追加し、法的な支援を強化したりしています。2020（令和2）年の児童福祉法改正では、弁護士が常時、児童相談所に指導・助言できる体制を整備したり、医師と保健師を1人以上配置する等、児童虐待対策が強化されつつあります。

● 児童虐待相談件数の推移

2021年度中に、全国225か所の児童相談所が児童虐待相談として対応した件数は20万7660件で、過去最多

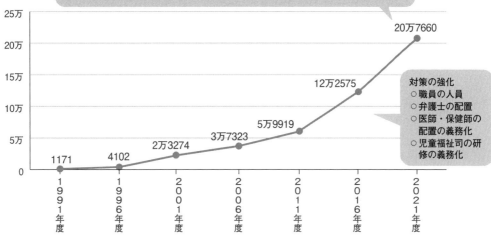

- 20万7660
- 12万2575
- 5万9919
- 3万7323
- 2万3274
- 4102
- 1171

1991年度／1996年度／2001年度／2006年度／2011年度／2016年度／2021年度

対策の強化
○ 職員の人員
○ 弁護士の配置
○ 医師・保健師の配置の義務化
○ 児童福祉司の研修の義務化

● 虐待相談の内容別件数（2021年度）

- 身体的虐待
- ネグレクト
- 性的虐待
- 心理的虐待

23.7%
15.1%
60.1%
1.1%

● 虐待相談の経路別相談件数（2021年度）

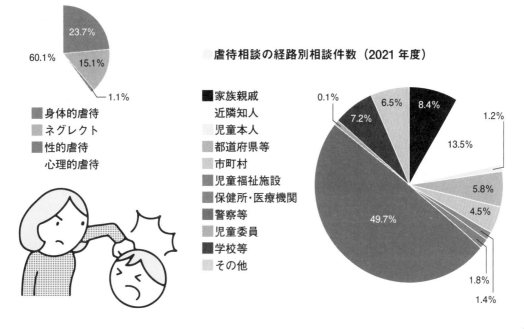

- 家族親戚
- 近隣知人
- 児童本人
- 都道府県等
- 市町村
- 児童福祉施設
- 保健所・医療機関
- 警察等
- 児童委員
- 学校等
- その他

8.4%
1.2%
13.5%
5.8%
4.5%
1.8%
1.4%
49.7%
7.2%
0.1%
6.5%

第1章　障害児・難病児の支援でまず知っておきたいこと
第2章　障害児・難病児に関係する疾患・障害
第3章　障害児・難病児に関する法制度
第4章　障害児・難病児サービスの使い方
第5章　児童福祉サービスの実践事例
第6章　子どもと保護者への支援のあり方

12

児童福祉審議会

▶ 児童福祉審議会とは

　児童福祉審議会は、児童福祉法に基づき、**児童、妊産婦、知的障害者の福祉**に関する事項を調査・審議するため、都道府県・指定都市・中核市に設置が義務づけられる機関です。なお市町村については、児童福祉審議会をおくかは、それぞれの自治体の判断で決めることができます。審議事項としては、出版物、玩具等（児童文化財）の推薦または販売する者等に対する勧告、児童福祉施設の設備、運営に対する停止命令、無認可施設等への停止命令、母子及び寡婦貸付金の不正利用者等への命令など、子どもと家庭を取り巻くさまざまな課題に取り組むために審議を行っています。

▶ 客観性の確保や困難事例を支援するために

　児童相談所における決定は子どもに大きな影響を与える反面、その支援プロセスは外部から見えにくいものとなっています。また、虐待を受けた子どもの支援を検討するにあたっては、多様な専門職の参加が求められます。このような状況に対応するため、1997（平成9）年の児童福祉法改正により、児童福祉審議会の意見聴取が新たに規定されました。児童福祉審議会による意見聴取を行うことによって客観性を担保し、医師や弁護士などの外部の専門家がバックアップをしながら、児童相談所が抱えている困難事例を支援できる体制を整えたといえるものです。

　児童相談所が相談に応じた事例について、子どももしくは保護者の意向が児童相談所の措置と一致しないときや虐待理由で施設入所した子どもの措置を解除するとき、その他、児童相談所長が必要と認めるときは、児童福祉審議会の意見を聴取しなければなりません。この制度を積極的に活用していくことが望まれています。

根拠法	児童福祉法第8条第1項により設置された執行機関の附属機関
審議事項	①児童、妊産婦および知的障害児の福祉に関する事項の調査審議 ②児童および知的障害児の福祉を図るため、芸能、出版物、玩具、遊具等を推薦し、それらを製作し、興行し、販売する者に対する必要な勧告 ③要保護児童に係る措置または報告に対する意見 ④国、県、市町村以外の者が設置する児童福祉施設の認可に対する意見 ⑤児童福祉施設の設備または運営が基準に達せず、かつ、著しく有害であると認められたときの意見 ⑥無認可施設に対する事業の停止または施設の閉鎖を命ずるときの意見 ⑦里親の認定に関する事項 ⑧子ども・子育て支援事業支援計画に関する事項

児童福祉審議会

客観性の担保
困難事例の支援

答申

諮問

中央児童福祉審議会は、厚生省（現：厚生労働省）の児童家庭局が管轄しており、児童、妊産婦および知的障害者に福祉・文化財を提供する目的に設立されたものでしたが、「審議会の整理合理化」で1999年に廃止されました。

児童相談所

第1章 障害児・難病児の支援でまず知っておきたいこと

第2章 障害児・難病児に関係する疾患・障害

第3章 障害児・難病児に関する法制度

第4章 障害児・難病児サービスの使い方

第5章 児童福祉サービスの実践事例

第6章 子どもと保護者への支援のあり方

13

児童家庭支援センター

▶ 地域の子ども家庭福祉に対応

　児童家庭支援センターは、地域の子どもに関するさまざまな問題について、児童本人やその家庭、地域住民などからの相談に応じ、必要な助言や指導を行う児童家庭福祉に関する地域の相談機関です。児童虐待、不登校、発達障害等の子どもやその家庭に対し、早期に支援を行い、児童相談所の機能を補完、市町村の機能をバックアップする目的で、1997（平成9）年の児童福祉法改正によって新たに制度化されました。

　事業内容は、①児童に関する家庭などからの相談のうち専門的な知識および技術を必要とするものに応じる、②市町村の求めに応じ技術的助言など必要な援助を行う、③児童相談所で継続的な指導措置が必要であると判断された児童およびその家庭について指導を行う、④里親およびファミリーホーム（小規模住居型児童養育事業を行う住居）からの相談に応ずるなど必要な支援を行う、⑤児童相談所、市町村、里親、児童福祉施設、要保護児童対策地域協議会、民生委員、学校等との連絡調整を行うとされています。

▶ 地域で子どもと家族を支える

　事業内容にも示したように、児童家庭支援センターでは、要保護性がある児童や、施設退所後間もない児童や家族に対し、指導を行っており、児童虐待の発生予防や親子関係の再構築に向けた支援（家族支援）を地域で実践しています。

　また、里親やファミリーホームからの相談に応じる等、社会的養護の制度を利用する子どもや家族の支援も行っており、**地域と社会的養護施設とをつなぐソーシャルワークの拠点**となっています。

児童家庭支援センター 図

第1章 障害児・難病児の支援でまず知っておきたいこと
第2章 障害児・難病児に関係する疾患・障害
第3章 障害児・難病児に関する法制度
第4章 障害児・難病児サービスの使い方
第5章 児童福祉サービスの実践事例
第6章 子どもと保護者への支援のあり方

児童家庭支援センターの設置運営

1 目的	児童家庭支援センターは、地域の児童の福祉に関する各般の問題につき、児童に関する家庭その他からの相談のうち、専門的な知識および技術を必要とするものに応じ、必要な助言を行うとともに、市町村の求めに応じ、技術的助言その他必要な援助を行うほか、保護を要する児童またはその保護者に対する指導を行い、併せて児童相談所、児童福祉施設等との連絡調整等を総合的に行い、地域の児童、家庭の福祉の向上を図ることを目的とする
2 設置および運営の主体	設置および運営の主体は、地方公共団体および社会福祉法人等であって、都道府県知事(指定都市にあっては、市長とし、児童相談所設置市にあっては、児童相談所設置市の市長とする)が児童福祉法第27条第1項第2号による指導委託先としても適切な水準の専門性を有する機関であると認めた者とする
3 支援体制の確保	児童家庭支援センターは、要保護児童および要支援児童の相談指導に関する知見や経験を有し、夜間・緊急時の対応や一時保護等を迅速かつ適切に行うことができるよう、児童相談所、市町村、里親、児童福祉施設、自立援助ホーム、ファミリーホーム、警察その他の関係機関との連携その他の支援体制を確保しなければならない

児童家庭支援センターの相談・支援の実際

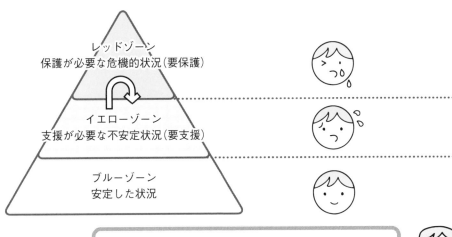

レッドゾーン
保護が必要な危機的状況(要保護)

イエローゾーン
支援が必要な不安定状況(要支援)

ブルーゾーン
安定した状況

主にイエローゾーンの家庭へアプローチして、レッドゾーンへの転化を防いだり、レッドゾーンからの回復を支援します。

14 障害児相談支援

▶ 障害児相談支援とは

　障害児に関する各種サービスを利用するにあたって、子ども本人や家族の相談に応じ、その意向を確認し、一人ひとりにあったサービスを一緒に考えてプランを作成するのが障害児相談支援です。障害児相談支援には、**障害児支援利用援助**と**継続障害児支援利用援助**があります。障害児支援利用援助とは、障害児通所支援の利用申請時に**障害児支援利用計画**の作成を行うことです。合わせて、サービス提供者等との連絡調整も行います。継続障害児支援利用援助とは、利用している障害児通所支援の内容が適切かどうか、サービスの利用状況を確認し、一定期間ごとに障害児支援利用計画の見直しを行うことです（モニタリング）。また、その結果に基づいて計画の変更申請等を行います。障害児相談支援事業所には**相談支援専門員**を配置する必要があります。

▶ 相談支援専門員とのかかわり

　相談支援専門員は、障害のある人やその家族の相談に応じ、福祉サービスの活用や生活等に関する助言や連絡調整、サービス利用計画の作成を行い、障害のある人が安心して日常生活や社会生活を送ることができるよう、全般的な相談支援を行います。障害児相談支援の場合は、初めてサービスを利用する子どもや家族も多いため、一人ひとりの状況に合わせた丁寧なかかわりが求められます。保護者が子どもの状況をまだ受け入れられていない段階では、保護者の感情に寄り添い、共感しながらかかわることが大切です。また、保護者の願いと子どもの願いが必ずしも一致しないときには、子どもの最善の利益を考えて行動することも大切です。

相談支援のプロセス

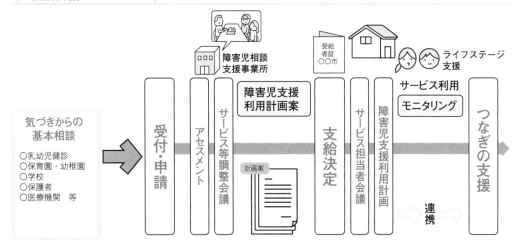

気づきからの
基本相談

○乳幼児健診
○保育園・幼稚園
○学校
○保護者
○医療機関　等

受付・申請

アセスメント

サービス等調整会議

障害児支援
利用計画案

計画案

支給決定

サービス担当者会議

障害児支援利用計画

受給者証
○○市

サービス利用

モニタリング

ライフステージ
支援

連携

つなぎの支援

子どもの相談支援の特徴

障害児の受ける支援が将来の自立につながるということをふまえ、未来につながるための「気づきからの丁寧な発達支援」を行っていくという視点が大切

トータル支援

発達支援と家族支援の結合による「家族を含めたトータルな支援」を続けるという視点が大切

発達支援と家族支援の結合によるトータル支援

**子どもの
相談支援の
特徴**

**気づきからの
子育て支援**

気づきからの丁寧な支援

**子育てしやすい
地域づくり**

児童福祉法に基づく子育て支援

ライフステージを見通した一貫した「縦と横」の「継続的・総合的なつなぎの支援」という視点が大切

つなぎの支援

ライフステージを見通した
「縦」と「横」をつなぐ支援

共生社会を実現するという立場から、できるだけ「身近な地域でのネットワークによる支援」を続け、子育てしやすい地域をつくるという視点が大切

第1章 障害児・難病児の支援でまず知っておきたいこと

第2章 障害児・難病児に関係する疾患・障害

第3章 障害児・難病児に関する法制度

第4章 障害児・難病児サービスの使い方

第5章 児童福祉サービスの実践事例

第6章 子どもと保護者への支援のあり方

15 小児慢性特定疾病対策事業

▶ 小児慢性特定疾病対策事業とは

慢性的な疾病により、長期にわたり治療を必要とする児童等の健全育成の観点から、その治療法の確立と普及を目的とした研究等に役立てる医療の給付等を目的とした事業です。内容は、**医療費の自己負担分の一部助成**のほか、慢性的な疾病を抱えている児童およびその家族の負担軽減および長期療養をしている児童の自立や成長支援について、地域の社会資源を活用するとともに、利用者の環境等に応じた支援を行う**自立支援事業**を行っています。対象は、18歳未満の児童ですが、18歳になった時点で本制度の対象であり、18歳になった後も引き続き治療が必要であると認められる場合には20歳未満まで対象となります。実施主体は、都道府県、指定都市、中核市および児童相談所設置市です。

▶ 自立支援事業

2015（平成27）年1月から、健全育成および自立促進を図るため、**小児慢性特定疾病児童等自立支援事業**が始まりました。具体的な事業として、相談支援事業と小児慢性特定疾病児童等自立支援員の配置を必須としています。また2022（令和4）年の法改正により、2023（令和5）年10月より地域の実情に応じて、実態把握事業、療養生活支援事業、相互交流支援事業、就職支援事業、介護者支援事業、その他自立支援事業の実施が努力義務化されました。また、地域の関係機関同士の関係強化や成人期に向けた支援をするため、小児慢性特定疾病対策地域協議会が法定化されることとなりました。今後も慢性的な疾病のある児童とその家族が安心して暮らすことができるように、地域の支援体制の整備が望まれています。

小児慢性特定疾病対策事業 図

第1章 障害児・難病児の支援でまず知っておきたいこと

第2章 障害児・難病児に関係する疾患・障害

第3章 障害児・難病児に関する法制度

第4章 障害児・難病児サービスの使い方

第5章 児童福祉サービスの実践事例

第6章 子どもと保護者への支援のあり方

小児慢性特定疾病の対象疾患群

1. 悪性新生物
2. 慢性腎疾患
3. 慢性呼吸器疾患
4. 慢性心疾患
5. 内分泌疾患
6. 膠原病
7. 糖尿病
8. 先天性代謝異常
9. 血液疾患
10. 免疫疾患
11. 神経・筋疾患
12. 慢性消化器疾患
13. 染色体または遺伝子に変化を伴う症候群
14. 皮膚疾患
15. 骨系統疾患
16. 脈管系疾患

これらの疾患群に属する対象疾患にかかっており、厚生労働大臣が定める疾病の程度である児童等が事業の対象です。

小児慢性特定疾病児童等自立支援事業

事業の目的・内容	幼少期から慢性的な疾病にかかっているため、学校生活での教育や社会性の涵養に遅れが見られ、自立を阻害されている児童等について、地域による支援の充実により自立促進を図る
実施主体	都道府県、指定都市、中核市、児童相談所設置市

相談支援事業

〈相談支援例〉
・自立に向けた相談支援
・療育相談指導
・巡回相談
・ピアカウンセリング　等

支援ニーズに応じた
事業の実施

小児慢性特定疾病児童自立支援員

〈支援例〉
・関係機関との連絡・調整および利用者との橋渡し
・患児個人に対し、地域における各種支援策の活用の提案　等

実態把握事業	地域のニーズ把握・課題分析等
療育生活支援事業	レスパイト等
相互交流支援事業	患児同士の交流、ワークショップ等
就職支援事業	職場体験、就労相談会等
介護者支援事業	通院の付き添い支援、きょうだい支援等
その他の事業	学習支援、身体づくり支援等

16

障害者総合支援法

▶ 障害者支援の基幹となる法律

　以前は身体、知的、精神障害ごとに分けて制度設計がされていましたが、2006（平成18）年度に障害者自立支援法が始まり、障害者の生活を支える各種サービスが一元化して提供されるようになりました。ただし、その内容に多くの課題があったことから、2013（平成25）年度からは「障害者の日常生活及び社会生活を総合的に支援するための法律」（以下、「**障害者総合支援法**」という）として改正され、現在も運用されています。障害者総合支援法は、居宅や施設でのサービスや医療費の助成、地域での取り組みなど、法律に基づいて行われる各種支援によって、**障害児者の社会参加の機会の確保と、地域社会における共生、社会的障壁の除去を進め、それによって共生社会を実現する**ことを理念として掲げ、障害者支援の実施において最も重要な法律として位置づいています。

▶ 障害児が利用できるサービスもある

　障害児に関する福祉サービスは多くが児童福祉法の対象となっていますが、一部のサービスについては、障害者総合支援法に基づいて実施されています。例えば、在宅生活を支援する介護給付の一部と医療費補助となる自立支援医療や、補装具の購入にかかる助成があります。施設通所や入所サービスについては、児童福祉法に基づいて実施となっていることに注意が必要です。

　介護給付の利用については、通常80項目にわたる調査が行われ、障害支援区分認定を受けることが必要になりますが、障害児の場合は、原則として**障害児用の5領域11項目の調査**を受け、それぞれのサービスを受けるだけの状態であると認められると利用できるようになっています。

障害者総合支援法等における給付・事業 図

市町村

介護給付
- 居宅介護 ・重度訪問介護
- 同行援護 ・行動援護
- 療養介護 ・生活介護
- 短期入所
- 重度障害者等包括支援
- 施設入所支援　第28条第1項

障害福祉サービス

訓練等給付
- 自立訓練（機能訓練・生活訓練）
- 就労移行支援
- 就労継続支援（A型・B型）
- 就労選択支援（2024年度以降を予定）
- 就労定着支援
- 自立生活援助
- 共同生活援助　　　　第28条第2項

自立支援給付
自立支援給付
国が1/2負担
第6条

障害者・児

相談支援
- 基本相談支援
- 地域相談支援
  （地域移行支援・地域定着支援）
- 計画相談支援　　　第5条第18項

自立支援医療
- 更生医療 ・育成医療

補装具　第5条第25項

障害児通所支援
- 児童発達支援
- 医療型児童発達支援（2024年度より一元化）
- 放課後等デイサービス
- 居宅訪問型児童発達支援
- 保育所等訪問支援
国が1/2負担　児童福祉法第6条2の2

地域生活支援事業（国が1/2以内で補助）
- 相談支援 ・意思疎通支援 ・日常生活用具 ・移動支援
- 地域活動支援センター ・福祉ホーム 等　第77条第1項

支援

都道府県

地域生活支援事業（国が1/2以内で補助）
- 広域支援 ・人材育成 等
第78条

自立支援医療
精神通院医療
第5条第24項

障害児入所支援
国が1/2負担
児童福祉法第7条

障害児が利用できる介護給付

- 居宅介護
- 同行援護
- 行動援護
- 短期入所
- 重度障害者等包括支援

これらに加えて、重度訪問介護については、15歳以上で児童相談所長が重度訪問介護を利用することが適当であると認め、福祉事務所長に通知した場合は利用することが可能です。

第1章 障害児・難病児の支援でまず知っておきたいこと

第2章 障害児・難病児に関係する疾患・障害

第3章 障害児・難病児に関する法制度

第4章 障害児・難病児サービスの使い方

第5章 児童福祉サービスの実践事例

第6章 子どもと保護者への支援のあり方

17

障害福祉サービス①
居宅介護

▶ 地域生活を行うために欠かせないサービス

　以前は入所支援が主として行われていた時代もありましたが、現在では住み慣れた地域での生活を維持できるように、在宅での生活を意識した制度設計が行われています。地域生活を行っていく上で、昔から重要といわれていたサービスが、ホームヘルプ、デイサービス、ショートステイの三つであり、居宅介護はそのなかの一つであるホームヘルプを行っています。

　居宅介護は、入浴や排泄、食事等の介護や調理、洗濯などの家事を行うほか、生活に関する各種相談などにも応じてくれるサービスです。対象者は本来障害支援区分（障害によって必要となる支援の量）が1以上であることが必要ですが、障害児の場合は、これに相当する支援の度合であればよい、とされています。

▶ 家族の負担を減らすために

　一人暮らしをしている障害者の場合、食事介助等の身体介護のほか、家事なども行ってもらえるのは非常にありがたいサービスといえます。障害児の場合は基本的に保護者が同居していることが想定されますが、ふだん障害児の介助を担っている保護者からすれば、自分の代わりに子どもの対応をしてくれることによって、**他の家事や買い物、通院などができる機会を得ることができる大切な制度**です。一方で2020（令和2）年に行われた調査によれば、自治体によっては、保護者が同席していなければ利用ができない場合もあるという調査結果も出ています。家族の負担軽減が果たせないということがないよう、より使いやすくなるような改善が今後も必要ともいえるでしょう。

居宅介護のサービス例

食事・服薬介助

家事援助

体位変換

排泄介助

身体整容、衣類の着脱

入浴・清拭介助

居宅介護の対象（障害児の場合）

	条件
通常	障害支援区分1に相当する支援の度合であること
通院等介助（身体介護を伴う場合）	以下の状況に相当する支援の度合であること (1) 障害支援区分が区分2以上に該当していること (2) 障害支援区分の認定調査項目のうち、次に掲げる状態のいずれか一つ以上に認定されていること ・「歩行」　「全面的な支援が必要」 ・「移乗」　「見守り等の支援が必要」、「部分的な支援が必要」または「全面的な支援が必要」 ・「移動」　「見守り等の支援が必要」、「部分的な支援が必要」または「全面的な支援が必要」 ・「排尿」　「部分的な支援が必要」または「全面的な支援が必要」 ・「排便」　「部分的な支援が必要」または「全面的な支援が必要」

第1章　障害児・難病児の支援でまず知っておきたいこと

第2章　障害児・難病児に関係する疾患・障害

第3章　障害児・難病児に関する法制度

第4章　障害児・難病児サービスの使い方

第5章　児童福祉サービスの実践事例

第6章　子どもと保護者への支援のあり方

18 障害福祉サービス②
同行援護・行動援護

▌ 移動にかかわるサービス

　地域生活とは、家で暮らすことだけをいうのではありません。住みたいところに住み、行きたいところに自由に行くことができなければ、施設入所と場所が変わっただけで意味はありません。そのため、移動のための支援はとても大切なものとなります。そんな移動支援については、**同行援護**と**行動援護**の2種類と「地域生活支援事業」で実施される**移動支援**（➡ P.118）があります。

　似たような名前ではありますが、対象となる障害が異なっており、**同行援護は視覚障害の人を対象**とし、**行動援護は行動障害のある人を対象**としていることから、それぞれのサービスで求められるものも大きく異なっています。

▌ 障害の状況によって使えるサービスが違う

　同行援護では、視覚障害のために外出が困難な人のために、移動にあたっての援護や必要な情報の提供を行います。また、例えば、市役所に必要な手続きなどをしに行く場合、単にそこに着くように支援するだけでは不十分です。手続きに必要な書類の**代筆や代読**なども行えるようになっています。

　一方、行動援護は知的障害、精神障害のある人で、かつ行動上に著しい困難がある人を対象としたサービスです。移動中、移動先で生じる各種介護のほか、外出時の不安が強かったり、突如パニックを起こしてしまうなどの行動障害を抱えている人のために、不安にならないよう事前に予定をわかりやすく伝えたり、**本人がパニックを起こしそうなところを避けて移動するなどの予防的対応**や、**パニックを起こしてしまった際に安心させるなどの制御的対応**を行っています。

同行援護の内容

移動の補助

代筆・代読

行動援護の内容

予防的対応

制御的対応

同行援護・行動援護の対象（障害児の場合）

条件	
同行援護	視覚障害により、移動に著しい困難を有する障害者等であって、同行援護アセスメント調査票による、調査項目中「視力障害」、「視野障害」および「夜盲」のいずれかが1点以上であり、かつ、「移動障害」の点数が1点以上の者
行動援護	以下の状況に相当する支援の度合であること ・障害支援区分が区分3以上であって、障害支援区分の認定調査項目のうち行動関連項目等（12項目）の合計点数が10点以上

第1章　障害児・難病児の支援でまず知っておきたいこと

第2章　障害児・難病児に関係する疾患・障害

第3章　障害児・難病児に関する法制度

第4章　障害児・難病児サービスの使い方

第5章　児童福祉サービスの実践事例

第6章　子どもと保護者への支援のあり方

19 障害福祉サービス③
短期入所

短期間、施設での生活を行う事業

短期入所は、**ショートステイ**とも呼ばれ、冠婚葬祭などの家庭の事情や家族のレスパイトなどのため、一時的に施設で暮らすことができる事業です。職員のいる施設に宿泊をするため夜間対応も十分であり、家族としても安心して介護をお願いすることができる、日常生活を守るために大切な事業といえます。

短期入所を行っている事業所は、入所機能をもっている障害者施設等が一部の居室をショートステイ用に使用する**併設型**や**空床利用型**、入所サービスを行っていない事業所がショートステイ単独で事業を行う**単独型**に分けられます。また、機能としても、**特段の医療的ケアを必要としない人を対象とした福祉型**、医療的ケアが必要な人が利用できる福祉型強化、そして**遷延性意識障害児・者や重症心身障害児・者を対象とした医療型**に分けることができます。

高度な医療的ケアを必要とする障害児も医療型を使えるように

以前は福祉型と医療型の2種類のみしかありませんでしたが、医療的ケアのニーズが高まることで、福祉型強化が追加されました。しかし、高度な医療的ケアの必要がある人の場合、区分的には福祉型強化に該当するものの、福祉型強化の事業所では対応できない、という問題も出てきていました。そのため2021（令和3）年の報酬改定において、一部の医療的ケアを必要とする人については、医療型を利用できるようになり、障害児では重症心身障害児のほか、**医療的ケア児判定スコアが16点以上の場合に利用できる**ようになっています。また医療型を利用している人に対して、発達支援、成長支援の専門職による日中活動が促進されるような加算も追加されています。

短期入所の形態

併設型	ほかの事業を運営している同一建物内で一体的に運用するもので、ほかの事業とは別に、短期入所用の居室を設定する
空床利用型	ほかの事業を運営している同一建物内で一体的に運用するもので、利用者に利用されていない居室を利用する。 そのため、空き状況は日によって異なる場合がある
単独型	短期入所としてのみ事業を運営するもの

社会福祉施設等調査（2020年）によれば併設型の事業所数は、3480か所となっている

医療型短期入所事業所開設支援

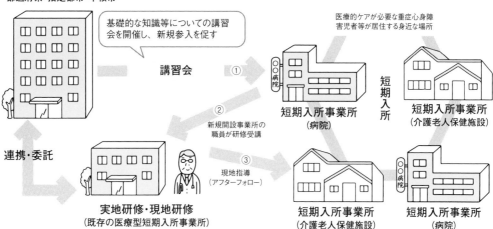

都道府県・指定都市・中核市

基礎的な知識等についての講習会を開催し、新規参入を促す

講習会

医療的ケアが必要な重症心身障害児者等が居住する身近な場所

① 短期入所事業所（病院）

短期入所事業所（介護老人保健施設）

② 新規開設事業所の職員が研修受講

連携・委託

③ 現地指導（アフターフォロー）

短期入所

実地研修・現地研修（既存の医療型短期入所事業所）

短期入所事業所（介護老人保健施設）

短期入所事業所（病院）

第1章 障害児・難病児の支援でまず知っておきたいこと

第2章 障害児・難病児に関係する疾患・障害

第3章 障害児・難病児に関する法制度

第4章 障害児・難病児サービスの使い方

第5章 児童福祉サービスの実践事例

第6章 子どもと保護者への支援のあり方

20

障害福祉サービス④
重度障害者等包括支援

各種事業をオーダーメイドで実施

重度障害のある人の場合、一つのサービスでは十分な支援にならないことは少なくありません。とはいえ複数の事業所と契約をすると、それだけ手続きは増え、介護の仕方などの共有が難しくなってしまうことが予想されます、そのため、一つひとつのサービスを、**包括的に提供できるように整備されている**のが、**重度障害者等包括支援**です。包括されるサービスは居宅介護、重度訪問介護、同行援護、行動援護、生活介護、短期入所、自立訓練、就労移行支援、就労定着支援、自立生活援助、共同生活援助（外部サービス利用除く）の11種類となっています。なお、障害児が重度障害者等包括支援を利用したい場合は、ほかと異なり障害者の認定調査項目と同様の80項目の調査および四肢すべての麻痺等の有無の調査を行い、支給の要否について市町村審査会で審査を行うことになっています。

より使いやすいサービスへ改定が望まれる

重度障害者等包括支援の利点は、緊急のニーズに対して、そのつど申請をしなければならないといった手間がなく、事業者の裁量が大きいことが挙げられます。一つの事業所が提供サービス全体の責任を負うことによって、利用者の状況に合わせて柔軟な対応をとることができるのです。

一方で、現在では、実施している事業所が限られているのと、対象者要件も厳しいことから、サービスの見直しについても進められています。多くの支援が必要となる重度障害児・者にとって、柔軟性のある本サービスはとても意義があるものです。多くの人がより使いやすいサービスになるように、今後もさらなる検討が求められています。

第 1 章 障害児・難病児の支援で まず知っておきたいこと

第 2 章 障害児・難病児に 関係する疾患・障害

第 3 章 障害児・難病児に 関する法制度

第 4 章 障害児・難病児 サービスの使い方

第 5 章 児童福祉サービスの 実践事例

第 6 章 子どもと保護者 への支援のあり方

重度障害者の支援 図

重度障害者等包括支援の対象

障害支援区分が区分6（障害児にあっては区分6に相当する支援の度合）に該当する者のうち、意思疎通に著しい困難を有する者であって、次のいずれかに該当する者

類型		状態像
重度訪問介護の対象であって、四肢すべてに麻痺等があり、寝たきり状態にある障害者のうち、右のいずれかに該当する者	人工呼吸器による呼吸管理を行っている身体障害者（Ⅰ類型）	・ 筋ジストロフィー ・ 脊椎損傷 ・ ALS（筋萎縮性側索硬化症） ・ 遷延性意識障害 等
	最重度知的障害者（Ⅱ類型）	・ 重症心身障害者 等
障害支援区分の認定調査項目のうち行動関連項目等（12項目）の合計点数が10点以上である者（Ⅲ類型）		・ 強度行動障害 等

生活介護事業所が重度障害者等包括支援の指定を受けて支援を提供するケース

④家族の入院等の緊急時には、在宅で夜間の見守りも含め重度訪問介護を提供

①朝に職員を派遣し重度訪問介護を提供

②（ア）重度訪問介護を提供後、利用者とともに事業所へ移動し、生活介護を提供

②（イ）利用者の体調が悪いときは、引き続き重度訪問介護により、通院支援を行う

③（ア）生活介護を提供後、利用者を利用者宅に送り、重度訪問介護を提供

③（ウ）家族のレスパイトが必要なときは、事業所内の空き居室において短期入所を提供する

③（イ）生活介護中に利用者の体調が悪くなったときは、重度訪問介護により通院支援を行う

利用者宅

事業所

病院

現在実施している事業所は全国で20か所となっています（2021年時点）。

21

地域生活支援事業

▶ 自治体ごとのニーズに合わせた取り組みの実施

　障害者総合支援法では、全国一律のサービスである個別支援給付によるメニューが多く用意されています。しかし、地域によって、児童の数、社会資源の状況等、抱えている問題は異なります。そのため、全国一律のサービスだけでは、「かゆいところに手が届かない」ことが生じてしまいます。そのため、個別支援給付のほかに、**地域生活支援事業**として、地域の状況に合わせて実施ができるよう、メニューは決めるもののその中身は自治体の状況に合わせて調整ができる制度があります。これにより、個別支援給付を利用できないケースでもサービスを受けることができるようになったり、より生活に密着する支援が行われるようになっています。

▶ 自治体ごとに内容や利用要件が異なる

　基本的には、都道府県、市町村ごとに行わなければならないとされる必須事業と、各自治体ごとの状況に合わせて実施可能な任意事業に分けられています。障害児にかかわるものとしては、必須事業の「移動支援事業」や「意思疎通支援事業」、任意事業の「日中一時支援」などがあります。

　そのほか、国として特に推進していくことが求められる事業については、**地域生活支援促進事業**として別メニューで組まれており、「発達障害児者地域生活支援モデル事業」や「発達障害児者及び家族等支援事業」などが設定されています。

　いずれも注意をしなければならないのは、**同じ事業でも自治体によって行っている内容や対象者が異なる**ことです。必ず利用前に、居住地の自治体はどのような形で事業を行っているのかを確認することが必要です。

地域生活支援事業 図

第1章 障害児・難病児の支援でまず知っておきたいこと
第2章 障害児・難病児に関係する疾患・障害
第3章 障害児・難病児に関する法制度
第4章 障害児・難病児サービスの使い方
第5章 児童福祉サービスの実践事例
第6章 子どもと保護者への支援のあり方

地域生活支援事業（市町村事業）　　　　　　　　　　（2023年度実施分）

必須事業
1　理解促進研修・啓発事業
2　自発的活動支援事業
3　相談支援事業 　（1）基幹相談支援センター等機能強化事業 　（2）住宅入居等支援事業（居住サポート事業）
4　成年後見制度利用支援事業
5　成年後見制度法人後見支援事業
6　意思疎通支援事業
7　日常生活用具給付等事業
8　手話奉仕員養成研修事業
9　移動支援事業
10　地域活動支援センター機能強化事業

任意事業
1　日常生活支援 　（1）福祉ホームの運営 　（2）訪問入浴サービス 　（3）生活訓練等 　（4）日中一時支援 　（5）地域移行のための安心生活支援 　（6）相談支援事業所等（地域援助事業者）における退院支援体制確保 　（7）協議会における地域資源の開発・利用促進等の支援 　（8）市町村と地域生活定着支援センターとの連携強化事業
2　社会参加支援 　（1）レクリエーション活動等支援 　（2）芸術文化活動振興 　（3）点字・声の広報等発行 　（4）奉仕員養成研修 　（5）複数市町村による意思疎通支援の共同実施促進 　（6）家庭・教育・福祉連携推進事業
3　就業・就労支援 　（1）盲人ホームの運営　　　（2）知的障害者職親委託

発達障害児者及び家族等支援事業

ペアレントメンター 養成等事業	・ペアレントメンターに必要な研修の実施 ・ペアレントメンターの活動費の支援 ・ペアレントメンター・コーディネーターの配置　等
家族のスキル 向上支援事業	・保護者に対するペアレントプログラム、ペアレントトレーニングの実施　等
ピアサポート推進事業	・同じ悩みをもつ本人同士や発達障害児をもつ保護者同士、きょうだい同士等の集まる場の提供 ・集まる場を提供する際の子どもの一時預かり　等
その他の本人・ 家族支援事業	・発達障害児の適応力向上のためのソーシャルスキルトレーニング（SST）の実施　等
発達障害者等 青年期支援事業	・ワークショップ等の開催による青年期の発達障害者等の居場所づくり　等

▶ 日中一時支援

一次的に施設を利用したいときに

日中一時支援は、地域生活支援事業の市町村任意事業の一つとして設定がされているものです。具体的な内容は自治体によって異なりますが、障害者だけでなく障害児も利用することができることが多いものとなっています。

名前のとおり、障害者等を日中に一時的に預けることができるものとなっています。日中仕事があったり、急用があったりするなど、家庭で対応することができない場合に利用できるものです。目的としては、仕事のほか、レスパイトとしても利用できるため、在宅レスパイト事業（➡ P.140）と似ているように感じますが、日中一時支援は施設での預かりが基本となります。なお、利用を希望する場合は、事前に申請する必要があります。

同日に他事業を利用することはできないことに注意

施設での利用となるものの、家庭の状況によっては子どもを施設まで送ることが難しい場合もあるでしょう。自治体によっては送迎サービスも日中一時支援のサービスのなかに含まれている場合もありますので、利用を希望する場合は確認をしてみましょう。

児童発達支援や放課後等デイサービスを利用していても、利用予定をしていなかったときに、どうしても預かってもらわなければいけなくなる場合もあるでしょう。そのような際、日中一時支援を利用することが可能です。ただし、この事業を利用している日に、ホームヘルプサービスなどのほかの障害福祉サービスも使う、という同時利用はできませんので注意をしてください。

● 他サービスとの違い

	根拠法	利用タイプ	内　容	実施内容の自由度
日中一時支援	障害者総合支援法	通所	障害者等の日中における活動の場を確保し、障害者等の家族の就労支援および障害者等を日常的に介護している家族の一時的な休息を目的とする	自治体のニーズに基づいて実施されることから自由度が高い
短期入所	障害者総合支援法	入所	居宅においてその介護を行う者の疾病その他の理由により、障害者支援施設、児童福祉施設等への短期間の入所を必要とする障害者等につき、当該施設に短期間の入所をさせて、入浴、排泄および食事の介護その他の必要な支援を行う	全国共通制度であることから、自由度は低い
放課後等デイサービス	児童福祉法	通所	授業の終了後または休業日に、生活能力の向上のために必要な訓練、社会との交流の促進その他の便宜を供与する	全国共通制度であることから、自由度は低い

● 障害児の対象適否

n=959

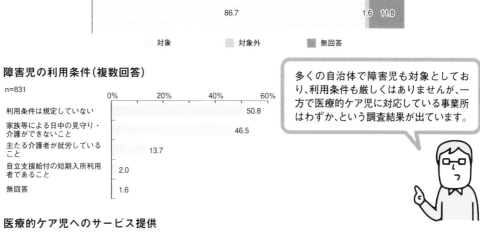

86.7　　1.6　11.8

対象　　　対象外　　　無回答

● 障害児の利用条件（複数回答）

n=831

利用条件は規定していない　50.8
家族等による日中の見守り・介護ができないこと　46.5
主たる介護者が就労していること　13.7
自立支援給付の短期入所利用者であること　2.0
無回答　1.6

> 多くの自治体で障害児も対象としており、利用条件も厳しくはありませんが、一方で医療的ケア児に対応している事業所はわずか、という調査結果が出ています。

● 医療的ケア児へのサービス提供

n=959

9.1　　52.0　　38.9

有　　　無　　　無回答

第1章　障害児・難病児の支援でまず知っておきたいこと

第2章　障害児・難病児に関係する疾患・障害

第3章　障害児・難病児に関する法制度

第4章　障害児・難病児サービスの使い方

第5章　児童福祉サービスの実践事例

第6章　子どもと保護者への支援のあり方

▶ 移動支援

■ 障害が軽くても使える移動支援制度

　日常生活のなかでは、買い物に行く、病院に行く、レジャーに行く、など外に出かけることが当たり前に必要となります。障害者総合支援法においても、その当たり前を保障するために、さまざまな移動支援サービスが用意されているのですが、個別支援給付で用意されている同行援護や行動援護などは、一定以上の障害がなければ利用できないものとなっています。そのため、個別給付には該当しない人でも外に出やすくなるように、地域生活支援事業として**移動支援**が設定されています。内容としては、**マンツーマンでの対応を行ってくれる個別支援型、複数の障害児・者を同時に支援するグループ支援型、福祉バスなどで巡回を行う車両移送型**があります。

■ まだまだ足りない部分もある

　移動支援は、行動援護や同行援護を利用することができない人については非常に有用な制度ですが、自治体によって行っている内容に差があります。利用者としては、身体障害、知的障害が中心となっており、それに比べて発達障害や医療的ケア児が対象となっていないところが多く、今後の範囲拡大が望まれます。

　また、事業所や学校への通勤・通学に利用できない、という問題もよく聞かれます。同行援護などでは対応していない部分をカバーする、という意味で、実施が期待されるものですが、2020（令和2）年に行われた調査によれば、「一定の条件を満たせば利用できる」を含めても十分に整っている、とはいえません。

　生活に密着した制度だからこそ、より幅広く、使いやすいものになるよう、今後も検討を進めていくことが求められるといえるでしょう。

移動系障害福祉サービス等の利用条件（身体障害の場合）

	区分なし	区分1	区分2	区分3	区分4	区分5	区分6
肢体不自由者	移動支援				重度訪問介護		
肢体不自由児			居宅介護（通院等介助）				
視覚障害者				同行援護			
視覚障害児							

移動支援事業における利用用途別の利用可否

n＝720

	利用用途	①常に利用可能である	②一定の条件下で利用できる	③全く利用できない	無回答	合計
1	通勤	41	169	490	20	720
2	通学	60	314	330	16	720
3	通院	194	305	206	15	720
4	行政手続き	555	96	57	12	720
5	冠婚葬祭	597	93	18	12	720
6	理美容	620	73	13	14	720
7	日用品の買いもの	564	104	17	13	720
8	公的行事	586	104	17	13	720
9	お墓参り	595	90	21	14	720
10	娯楽（レジャー、レクリエーション）	576	118	13	13	720
11	研修会等への参加	523	166	17	14	720
12	その他	71	325	11	313	720

通学に自由に使えるのは、2020年の調査では、1割以下しかありません。

第1章 障害児・難病児の支援でまず知っておきたいこと
第2章 障害児・難病児に関係する疾患・障害
第3章 障害児・難病児に関する法制度
第4章 障害児・難病児サービスの使い方
第5章 児童福祉サービスの実践事例
第6章 子どもと保護者への支援のあり方

▶ 地域での障害児支援体制整備

■ 地域での障害児の生活を支援する制度

　障害によっては、生まれてすぐに障害があるとわかるものもありますが、発達障害などのように、成長に伴って、「周りの子どもとちょっと違う？」と気づくケースも少なくありません。また、今日では、障害があったとしても、できる限り地域の保育園や学校での生活を望まれる人も多くいます。そのため、保育所や放課後児童クラブ等の子どもやその親が集まる施設・場に巡回等支援を実施し、障害が"気になる"段階から支援を行うための巡回支援専門員整備事業や、地域の障害児等基盤整備を進めるための児童発達支援センターの機能強化事業が、市町村地域生活支援事業の任意事業として実施されていました。

■ 児童福祉法改正に伴う再編

　例えば、巡回支援専門員は、巡回等が必要な施設等の現状を把握し、施設の職員や保護者に対し、巡回による支援や個別訪問などを行い、助言・指導を行います。また、ケースによっては、児童発達支援等関係機関との連携を進めることで、安心して施設等に通える環境整備のための活動を行います。

　2023（令和5）年より、児童福祉法改正に伴って、児童発達支援センターの機能強化に向けて「**巡回支援専門員整備**」と「**児童発達支援センターの機能強化**」の2事業を統合・再編し、**地域障害児支援体制強化事業**として実施されます。これにより、地域の障害児通所支援事業所の全体の質の底上げに向けた取り組みや地域のインクルージョンの推進、地域の障害児の発達支援の入り口としての相談機能が確保されることが期待されています。

第1章 障害児・難病児の支援で まず知っておきたいこと

第2章 障害児・難病児に 関係する疾患・障害

第3章 障害児・難病児に 関する法制度

第4章 障害児・難病児 サービスの使い方

第5章 児童福祉サービスの 実践事例

第6章 子どもと保護者 への支援のあり方

障害児支援体制の整備 図

地域における子ども・保護者への継続的な支援体制の例

| 1歳6か月健診 | 3歳児健診 | 保育所 等 | 就学時健診 | 小学校 等 |

幼少期における把握　　　子ども・保護者　　　就園・就学に伴う移行

| 保健師 等 | 保育士・幼稚園教諭 等 | 教育委員会 等 | 学校教員 等 |

特徴・経過の把握　　　巡回相談担当者　　　継続的な把握・支援

地域障害児支援体制強化事業

都道府県
市町村

補助

国

補助

中核的機能

児童発達支援センター
・地域の事業所の支援技術の向上
・地域のインクルージョン推進
・質の向上のための研修会
・支援事例検討　等

地域全体の障害児支援体制の強化、
インクルージョンの推進

連携

巡回支援専門員
・巡回支援
・地域の体制整備への関与　等

相談　連携　助言　　　相談　連携　訪問

| 児童発達支援事業所 | 保育所 | 障害児家庭 |

連携先の支援機関等の例

▶ 重度障害児者入院時コミュニケーション支援事業

入院中でも意思疎通ができるように

　自分が医療を受けるときに、自分がしてほしいこと、されて嫌なことなどを伝えることは当然の権利といえます。しかし、障害によりコミュニケーションをうまくとることができない場合、その思いを伝えることができず、苦しい思いをしたことがある人もいることでしょう。そのため、うまくコミュニケーションをとれない人であったとしても、**できる限りの手段を用いてその思いを汲み取る、意思疎通支援の重要性が叫ばれています**。しかし、医療機関における看護業務はその医療機関の看護職員が行うものであって、付き添い看護は認められていないことから、うまく意思疎通が図れないことが問題となっていました。この問題に対応する制度として、地域生活支援事業に基づいて実施されているのが、**重度障害児者入院時コミュニケーション支援事業**です。

見知ったヘルパーを活用可能

　コミュニケーションがうまくとれないといっても、さまざまな機器を利用すればコミュニケーションがとれる人もいれば、本人がうまくコミュニケーションがとれなくても、今までかかわってきたヘルパーの経験から、どのようなことを思っているのか推測することができるスタッフがいるなど、その状況はさまざまです。そのため、この事業では、障害児・者が日頃から利用している事業所のヘルパーを派遣してもらうことで、入院先の医療機関スタッフと円滑な意思疎通を図ったり、その人に合った介護方法等の伝達を行うことができるようになっています。

　地域生活支援事業の一環として実施していることから、自治体によって名称や実施の有無、その内容は異なりますので、事前に確認が必要です。

重度障害児者入院時コミュニケーション支援事業 図

事業の対象者の一例

以下のすべてに該当する人

(1)居宅介護、重度訪問介護、行動援護、重度障害者等包括支援のサービスを利用している人

(2)障害支援区分認定に係る認定調査項目のうちコミュニケーションに関する以下の項目に該当する人

> ### 3－3　コミュニケーション
> 2．特定の者であればコミュニケーションできる
> 4．独自の方法でコミュニケーションできる
> 5．コミュニケーションできない

(3)入院先の医療機関に本事業の了解を得られた人

重度訪問介護で支援区分が6の場合、そちらのほうで同様の援助を受けられます。そのため、地域生活支援事業では、それ以外のサービスを利用している人を対象としていますが、自治体によって、どの程度まで範囲を広げているかはまちまちです。

コミュニケーション支援が必要なケースの例

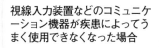

視線入力装置などのコミュニケーション機器が疾患によってうまく使用できなくなった場合

強度行動障害の場合

対人恐怖などにより、違う環境下だとうまくコミュニケーションがとれない場合

第1章　障害児・難病児の支援でまず知っておきたいこと
第2章　障害児・難病児に関係する疾患・障害
第3章　障害児・難病児に関する法制度
第4章　障害児・難病児サービスの使い方
第5章　児童福祉サービスの実践事例
第6章　子どもと保護者への支援のあり方

22

自立支援医療制度
（育成医療）

障害の除去や軽減に必要な医療を実施

　障害児に対する医療については、以前は単独で設定されていましたが、障害者自立支援法制定時に身体・知的・精神の3障害の医療制度を併せ、自立支援医療として整備されました。これは医療費の負担を**1割**とし、上限額を定めたものです。

　注意が必要なのは、自立支援医療（育成医療）では、障害児にかかる医療すべてに対応していないということです。あくまでも、障害児もしくは疾患があることによって、将来障害が残る可能性がある児童のうち、手術などの治療によって、**その身体障害を除去もしくは軽減する効果が確実に期待される児童**に対して提供されるものとなっています。どの治療に適応されるかは、主治医や医療ソーシャルワーカー（MSW）に相談してみてください。

上限額に注意が必要

　具体的には、視覚障害であれば、白内障や先天性緑内障、上顎がつながっていない口蓋裂や、心疾患に対するペースメーカーの埋め込みや肝臓の移植などが挙げられます。

　助成内容は家族の収入によって変化しますが、一般的な家庭であれば、負担額は最大で月に1万円を上限としています。ただしこれにはベッド代や食費など、医療費以外の費用は含まれないこと、一定の所得以上であると対象外となることに注意が必要です。

　一方で、肝臓の移植などは、拒絶反応をコントロールするための抗免疫療法を行うことが必要ですが、その場合、薬を飲み続けなければならないなど、単純に手術代だけ出せばよい、というものではありません。そのように長期に渡り医療が必要である場合は、**重度かつ継続**として一定所得以上の人であったとしても上限額が設定されています。

自立支援医療制度の利用と利用者負担 図

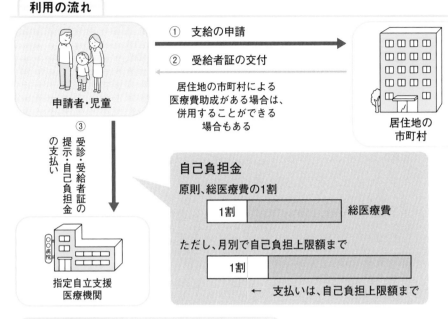

利用の流れ

申請者・児童

① 支給の申請 →
② 受給者証の交付 ←

居住地の市町村

居住地の市町村による
医療費助成がある場合は、
併用することができる
場合もある

③ 受診・受給者証の提示・自己負担金の支払い

指定自立支援医療機関

自己負担金

原則、総医療費の1割

| 1割 | 総医療費 |

ただし、月別で自己負担上限額まで

| 1割 |

← 支払いは、自己負担上限額まで

自立支援医療における利用者負担の枠組み

□ 内は2024年度までの経過措置

所得区分		更生医療・精神通院医療	育成医療	重度かつ継続	
一定所得以上		対象外	対象外	2万円	市町村民税23万5000円以上
中間所得	中間所得2	医療保険の高額療養費 ※精神通院の殆どは重度かつ継続	1万円	1万円	市町村民税課税以上23万5000円未満 市町村民税3万3000円以上23万5000円未満
	中間所得1		5000円	5000円	市町村民税課税以上3万3000円未満
低所得2		5000円	5000円	5000円	市町村民税非課税（本人収入が80万1円以上）
低所得1		2500円	2500円	2500円	市町村民税非課税（本人収入が80万円以下）
生活保護		0円	0円	0円	生活保護世帯

第1章 障害児・難病児の支援でまず知っておきたいこと

第2章 障害児・難病児に関係する疾患・障害

第3章 障害児・難病児に関する法制度

第4章 障害児・難病児サービスの使い方

第5章 児童福祉サービスの実践事例

第6章 子どもと保護者への支援のあり方

23

補装具費支給制度

▶ 身体の機能を補完・代替する用具の購入費用を助成

　障害によって失われてしまった身体の機能は基本的に取り戻すことができません。その機能を補完・代替する用具のことを**補装具**と呼びます。日常生活を過ごす上で、身体に障害のある人にとってはまさに必需品となりますが、当然その購入には費用がかかってきます。安いものもあれば高いものもあり、例えば、義肢なら購入基準額は49万7000円（令和5年度）、電動車いすだと、種類によっては100万円を超えてきます。しかも耐久性の問題から一生使い続けるということもできないため、安全に利用するためには定期的に購入をしなければなりません。その負担を軽減するための制度として、補装具費支給制度があります。これにより自己負担は**原則1割**ですむこととなり、また月の上限額も原則3万7200円までとなっています。

▶ 条件によっては借受けも可能

　先述のとおり、補装具には耐用年数が設定されています。また障害の状況によっては、今まで使用していたものが使いづらくなることもあり、一定期間をすぎると買い直すことが必要です。しかし、障害児の場合、月日とともに成長することから、特に義肢・装具の耐用年数はどうしても短くなり、そのつど買い換えることになってしまいます。そのため、①身体の成長に伴い、短期間で補装具等の交換が必要であると認められる場合、②障害の進行により、補装具の短期間の利用が想定される場合、③補装具の購入に先立ち、複数の補装具等の比較検討が必要であると認められる場合、に限り、**購入でなく、借受けで対応することが認められています**。

第1章 障害児・難病児の支援で まず知っておきたいこと

第2章 障害児・難病児に 関係する疾患・障害

第3章 障害児・難病児に 関する法制度

第4章 障害児・難病児 サービスの使い方

第5章 児童福祉サービスの 実践事例

第6章 子どもと保護者 への支援のあり方

補装具と日常生活用具

	内　容
補装具費 支給制度 (個別給付)	障害者が日常生活を送る上で必要な移動等の確保や、就労場面における能率の向上を図ることおよび障害児が将来、社会人として独立自活するための素地を育成助長することを目的として、身体の欠損または損なわれた身体機能を補完・代替する用具について、購入または修理等に要した費用を支給する制度　例：義肢・装具・車いす
日常生活用具 給付等事業 (地域生活支援事業)	重度障害者等の日常生活がより円滑に行われるための用具を給付または貸与すること等により、福祉の増進に資することを目的とした事業　例：点字器・歩行補助つえ・ストマ用装具

> 補装具費支給制度と似た制度で日常生活用具給付等事業があるが、こちらは、日常生活を暮らしやすくするためのものとして、別々の制度での対応となる

借受の対象

場面	対象種目等
成長 への対応	●座位保持装置の完成用部品のうち、「構造フレーム」 　座位保持装置…自力で座位姿勢を保持できない人等が安定した座位を保持するための用具 ●歩行器 　歩行器…歩行機能を補うため、移動時に体重を支える用具 ●座位保持椅子 　座位保持椅子…姿勢を保持することが困難な障害児が日常生活のなかで使用する用具
障害の進行 への対応	●重度障害者用意思伝達装置（本体のみ） 　重度障害者用意思伝達装置…重度の両上下肢および音声・言語機能障害者が意志の伝達を行うための用具 ※運動機能は低下するが言語の獲得によりスキルが向上する場合があることに留意する
仮合わせ 前の試用	●義肢、装具、座位保持装置の完成用部品 　完成用部品…義肢装具および座位保持装置を完成させるために必要な部品 　義肢…上肢または下肢に欠損のある人の欠損を補完し、または失われた機能を代替するための用具。義手、義足 　装具…上肢もしくは下肢または体感の機能に障害のある人の機能を回復させたり低下を抑制したりその機能を補完したりするための用具

24 発達障害者支援法

早期発見と早期支援が目的

2005（平成17）年に施行された**発達障害者支援法**は、児童を含む発達障害のある人への支援を推進するための法律です。それまでは、発達障害のある人への支援を明確にした法制度はなく、児童福祉法や知的障害者福祉法等で対応されてきましたが、この法律によって、**発達障害や発達支援等の定義、国や自治体、国民に対する責務等が示され**ました。また、市町村は、母子保健や教育等の分野において発達障害の**早期発見**に留意しなければならないとし、発達障害児が**早期の発達支援**を受けることができるよう、保護者に対し相談・助言を行う等の適切な措置を行うことが明示されています。また、都道府県は、発達障害児の早期の発達支援のために必要な体制の整備や、発達支援の専門性を確保するために必要な措置を行うことが明示されています。そして、このような発達障害支援の中心となる機関として、**発達障害者支援センター**が設置されています。

2016（平成28）年の改正のポイント

2016（平成28）年に改正された発達障害者支援法は、一人ひとりの発達障害者の日常生活や社会生活を支援するため、①**ライフステージを通じた切れ目のない支援**、②**家族なども含めた、きめ細かな支援**、③**地域の身近な場所で受けられる支援**の三つが大きなポイントになっています。また、発達障害児・者とその家族、地域の関係者等が集まり、地域における発達障害のある人の支援について話し合う場として、**発達障害者支援地域協議会**が設置できるようになりました。学校教育においても、「可能な限り発達障害児でない児童とともに授業を受けられるよう配慮」することや、**個別の教育支援計画**等を作成することについて規定されました。

発達障害者支援法 図

発達障害者支援法の概要

主な趣旨

発達障害者に対する障害の定義と発達障害への理解の促進
発達障害者の生活全般にわたる支援の促進
発達障害者支援を担当する部局相互の緊密な連携の確保、関係機関との協力体制の整備等

概要

定義：発達障害＝自閉症、アスペルガー症候群その他の広汎性発達障害、学習障害、注意欠陥多動性障害などの脳機能の障害で、通常低年齢で発現する障害

就学前（乳幼児期）
○乳幼児健診等による早期発見
○早期の発達支援

就学中（学童期等）
○就学時健康診断における発見
○適切な教育的支援・支援体制の整備
○放課後児童健全育成事業の利用
○専門的発達支援

就学後（青壮年期）
○発達障害者の特性に応じた適切な就労の機会の確保
○地域での生活支援
○発達障害者の権利擁護

発達障害者支援地域協議会とは

都道府県・指定都市

相談、コンサルテーションの実施

○発達障害者支援センター
・発達障害者およびその家族からの相談に応じ、適切な指導または助言を行う（直接支援）
・関係機関との連携強化や各種研修の実施により、発達障害者に対する地域における総合的な支援体制の整備を推進（間接支援）

○発達障害者地域支援マネジャー
・市町村・事業所等支援、医療機関との連携および困難ケースへの対応等により地域支援の機能強化を推進
※原則として、発達障害者支援センターに配置

発達障害者支援地域協議会

1）自治体内の支援ニーズや支援体制の現状等を把握。市町村または障害福祉地域ごとの支援体制の整備の状況や発達障害者支援センターの活動状況について検証
2）センターの拡充やマネジャーの配置、その役割の見直し等を検証
3）家族支援やアセスメントツールの普及を計画
※年2～3回程度開催

研修会等の実施

○家族支援のための人材育成
（家族の対応力向上）
・ペアレントトレーニング
・ペアレントプログラム
（当事者による助言）
・ペアレントメンター　等

○当事者の適応力向上のための人材育成
・ソーシャルスキルトレーニング　等

○アセスメントツールの導入促進
・M-CHAT、PARS　等

連携

派遣・サポート　連携　展開・普及

市町村

1）住民にわかりやすい窓口の設置や連絡先の周知
2）関係部署との連携体制の構築
（例：個別支援ファイルの活用・普及）

3）早期発見、早期支援等（ペアレントトレーニング、ペアレントプログラム、ペアレントメンター、ソーシャルスキルトレーニング）の推進
・人材確保／人材養成
・専門的な機関との連携
・保健センター等でアセスメントツールを活用

24　発達障害者支援法　129

25

児童虐待防止法

虐待が深刻化・増加するなかでの制定

　子どもへの虐待が深刻化、増加するなか、2000（平成12）年に「児童虐待の防止等に関する法律」（以下、「**児童虐待防止法**」という）が制定されました。この法律では、児童虐待の定義、児童虐待の早期発見、国および地方公共団体の責務、虐待を受けた子どもの保護のための措置等が規定されています。この法律において児童虐待とは、**保護者等が、①児童の身体に外傷を生じ、または生じるおそれのある暴行を加えること、②児童にわいせつな行為をすることまたは児童をしてわいせつな行為をすること、③児童の心身の正常な発達を妨げるような著しい減食または長時間の放置その他の保護者としての監護を著しく怠ること、④児童に著しい心理的外傷を与える言動を行うことと、4種類に分類**され明記されています。

保護者にも支援の手が求められている

　制定後、何度も児童虐待防止対策の強化のために法改正が行われており、児童虐待に対する援助体制は整えられつつあります。一方、児童福祉施設の入所理由からもわかるように、虐待が発生するリスク要因には、保護者の精神疾患や知的障害、被虐待の経験などの保護者側の要因、子どもの障害や「育てにくさ」などといった子どもの要因もあります。特に子どもの障害や「育てにくさ」などの「子どもの要因」がある場合には、身近に相談できる相手がおらず、一人で悩みを抱えていたり、子どもと二人きりで過ごす時間が多くなったり、親子で孤立していたりすることがあります。児童虐待に対する援助体制の整備と併せて、保護者が孤立することなく、安心して子育てができる環境、支援を整えていくことも大切なことです。

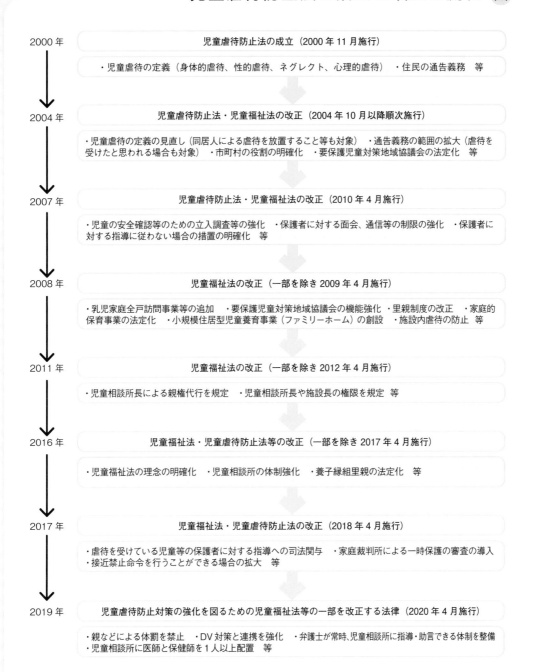

児童虐待防止法の成立と改正の流れ　図

2000 年
児童虐待防止法の成立（2000 年 11 月施行）

・児童虐待の定義（身体的虐待、性的虐待、ネグレクト、心理的虐待）　・住民の通告義務　等

2004 年
児童虐待防止法・児童福祉法の改正（2004 年 10 月以降順次施行）

・児童虐待の定義の見直し（同居人による虐待を放置すること等も対象）　・通告義務の範囲の拡大（虐待を受けたと思われる場合も対象）　・市町村の役割の明確化　・要保護児童対策地域協議会の法定化　等

2007 年
児童虐待防止法・児童福祉法の改正（2010 年 4 月施行）

・児童の安全確認等のための立入調査等の強化　・保護者に対する面会、通信等の制限の強化　・保護者に対する指導に従わない場合の措置の明確化　等

2008 年
児童福祉法の改正（一部を除き 2009 年 4 月施行）

・乳児家庭全戸訪問事業等の追加　・要保護児童対策地域協議会の機能強化　・里親制度の改正　・家庭的保育事業の法定化　・小規模住居型児童養育事業（ファミリーホーム）の創設　・施設内虐待の防止　等

2011 年
児童福祉法の改正（一部を除き 2012 年 4 月施行）

・児童相談所長による親権代行を規定　・児童相談所長や施設長の権限を規定　等

2016 年
児童福祉法・児童虐待防止法等の改正（一部を除き 2017 年 4 月施行）

・児童福祉法の理念の明確化　・児童相談所の体制強化　・養子縁組里親の法定化　等

2017 年
児童福祉法・児童虐待防止法の改正（2018 年 4 月施行）

・虐待を受けている児童等の保護者に対する指導への司法関与　・家庭裁判所による一時保護の審査の導入
・接近禁止命令を行うことができる場合の拡大　等

2019 年
児童虐待防止対策の強化を図るための児童福祉法等の一部を改正する法律（2020 年 4 月施行）

・親などによる体罰を禁止　・DV 対策と連携を強化　・弁護士が常時、児童相談所に指導・助言できる体制を整備
・児童相談所に医師と保健師を 1 人以上配置　等

第 1 章　障害児・難病児の支援で　まず知っておきたいこと

第 2 章　障害児・難病児に関係する疾患・障害

第 3 章　障害児・難病児に関する法制度

第 4 章　障害児・難病児サービスの使い方

第 5 章　児童福祉サービスの実践事例

第 6 章　子どもと保護者への支援のあり方

26

難病法

多くの難病患者が安心して生活するための法律

　難病対策の始まりは、1964（昭和39）年頃に発生したスモンがきっかけとされています。その後、1972（昭和47）年にスモンを含めた8疾患を対象に特定疾患治療研究事業が始まり、最終的には130疾患が指定されました。しかし、そのうち医療費の助成対象となったのは56疾患であり、多くの難病患者は重い医療負担を強いられました。

　その後、難病対策の見直しにより、2015（平成27）年に**難病法**が施行されました。難病法では、特定疾患治療研究事業と同様に難病に対する研究推進も大きな役割ですが、身近なところだと、医療費助成制度が大きく変わったことが挙げられ、これにより、**多くの難病患者が医療費助成を受けることができるようになりました。**

　その他、患者の療養生活を支えるために、都道府県に対し、難病患者からの療養上・日常生活上の相談を受けたり、難病を抱えながら就労できるよう就労支援関係施設と連携しながらかかわっていく難病相談支援センターの設置や、訪問看護の拡充などを行う療養生活環境整備事業の実施を規定しています。

依然として残る制度の狭間の問題

　一方で、指定難病になるためには一定の条件に当てはまることが必要であり、少しずつ対象難病は増えているものの、それでも難病法のもとでも助成を受けることができない、いわゆる**狭間の問題が残っています。**また、難病児の立場からいえば、子ども時代には助成を受けることができていたのに、20歳になって上限額が上がったり、そもそも難病法の対象となっていないため、通常の医療費を払わなければならない、ということが生じていることも知っておかなければなりません。

難病法における指定難病の条件と自己負担

	内容
対象疾病の要件	以下の6要件を満たす疾病を厚生科学審議会の意見を聴いて、厚生労働大臣が指定する（難病法第5条） ①発病の機構が明らかでない ②治療方法が確立していない ③希少な疾病である ④長期の療養を必要とする ⑤患者数が本邦において一定の人数に達しない ⑥客観的な診断基準が確立している 　※他の施策体系が樹立されていない疾病を対象とする。
対象疾患数	338疾病（2021年11月時点）
自己負担	生活保護受給者以外は自己負担あり（所得状況に応じて負担額の上限あり）

難病医療費申請の流れ

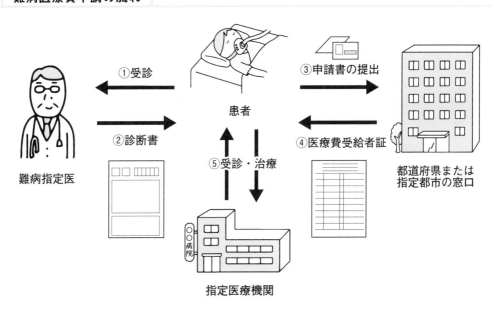

①受診
②診断書
難病指定医

患者
③申請書の提出
④医療費受給者証
⑤受診・治療

都道府県または指定都市の窓口

指定医療機関

第1章　障害児・難病児の支援でまず知っておきたいこと

第2章　障害児・難病児に関係する疾患・障害

第3章　障害児・難病児に関する法制度

第4章　障害児・難病児サービスの使い方

第5章　児童福祉サービスの実践事例

第6章　子どもと保護者への支援のあり方

27

医療的ケア児支援法

在宅生活をしている医療的ケア児を支える

　医療の進歩によって、昔であれば生きられなかった子どもたちが助かるようになってきました。その結果として、人工呼吸器や胃ろう等による医療的ケアと長年付き合っていく必要があり、このような状況の子どもたちを、医療的ケア児と呼んでいます。全国の在宅生活をしている医療的ケア児は推計2万人とされています。

　2021（令和3）年に**医療的ケア児支援法**が成立し、法による支援体制が整い始めました。法では、地域や学校等のなかで安心して生活ができるよう、国・地方公共団体や、保育所・学校等の設置者の責務を示し、医療的ケア児やその家族が抱える悩みに対応したり、関係機関へ情報提供や研修の提供等を行う**医療的ケア児支援センター**の設置を定めています。

自治体ごとでの医療的ケア児支援体制の整備が進められている

　医療的ケア児支援センターを設置すればうまくいくかといえば、そういうわけではありません。医療的ケア児にかかわるのは医療や福祉だけではなく、学校等の教育現場など広範囲であり、それらを支援する機関等が有機的につながるしくみが地域内で整備されていることが望まれます。そのため、こども家庭庁の予算において、医療的ケア児等総合支援事業が実施されています（2023（令和5）年時点）。これにより、医療的ケア児支援センターに、医療や教育など多分野にまたがった支援が必要となる医療的ケア児の総合調整等を担当する**医療的ケア児等コーディネーター**の配置がしやすくなったほか、協議の場の設置や医療的ケア児やその家族に対する支援等を自治体の状況に合わせて実施できるようになっています。

第1章 障害児・難病児の支援でまず知っておきたいこと

第2章 障害児・難病児に関係する疾患・障害

第3章 障害児・難病児に関する法制度

第4章 障害児・難病児サービスの使い方

第5章 障害児福祉サービスの実践事例

第6章 子どもと保護者への支援のあり方

医療的ケア児支援法の概要と支援センター　図

医療的ケア児支援法の概要

基本理念
1　医療的ケア児の日常生活・社会生活を社会全体で支援
2　個々の医療的ケア児の状況に応じ、切れ目なく行われる支援
　→医療的ケア児が医療的ケア児でない児童等と共に教育を受けられるように最大限に配慮しつつ適切に行われる教育に係る支援等
3　医療的ケア児でなくなった後にも配慮した支援
4　医療的ケア児と保護者の意思を最大限に尊重した施策
5　居住地域にかかわらず等しく適切な支援を受けられる施策

国・地方公共団体の責務	保育所の設置者、学校の設置者等の責務

支援措置

国・地方公共団体による措置	保育所の設置者、学校の設置者等による措置
○医療的ケア児が在籍する保育所、学校等に対する支援 ○医療的ケア児および家族の日常生活における支援 ○相談体制の整備　　○情報の共有の促進 ○広報啓発　　○支援を行う人材の確保 ○研究開発等の推進	○保育所における医療的ケアその他の支援 →看護師等または喀痰吸引等が可能な保育士の配置 ○学校における医療的ケアその他の支援 →看護師等の配置

医療的ケア児支援センター（都道府県知事が社会福祉法人等を指定または自ら行う）
○医療的ケア児およびその家族の相談に応じ、または情報の提供もしくは助言その他の支援を行う
○医療、保健、福祉、教育、労働等に関する業務を行う関係機関等への情報の提供および研修を行う　等

医療的ケア児支援センター

支援センター

●相談・助言
●情報提供

●情報共有、困難事例の相談
●情報提供
●研修の実施

医療的ケア児・家族

●支援の実施
●連絡・調整

市町村や医療・保健・福祉・教育等の関係機関

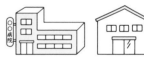

28

障害者手帳制度

▶ 症状によって障害者手帳の取得が可能

障害者手帳制度は、身体、知的、精神などの障害のある人が、さまざまな支援策を受けるために用いるものです。障害者だけではなく、障害児も取得することが可能です。

例えば、身体障害者手帳は、身体の機能に一定以上の障害がある場合に交付されます。疾患に紐づいているわけではないため、あくまでも身体上の構造に障害者手帳を取得できるだけの障害があると判断されれば取得できます。また、知的障害のための手帳である療育手帳（自治体によって名称が異なります）は、子どもの場合は児童相談所で判定を受けることになり、各都道府県が定める基準に該当していれば取得できます。

▶ 税金控除や保険、各種割引などを実施

手帳の種類、等級、居住地の自治体によって使えるサービスは異なりますが、例えば、障害児を養育する保護者が**所得税や住民税の控除**を受けることができます。また保護者のなかには、「もし自分がいなくなったら、この子は大丈夫だろうか……」と心配している人もいるでしょう。そのための制度として、心身障害者扶養保険事業があります。これは障害のある人を扶養している保護者が、毎月一定の掛金を納めることにより、保護者が死亡、重度障害を負ってしまった際、終身一定額の年金を支給する制度です。掛け金が低廉で、掛金免除制度もあるため、加入を検討するのも一つです。

さらに、**公共施設・公共交通機関の料金の割引や住宅改修助成**などのほか、必ずしも手帳が必要なわけではありませんが、20歳未満の障害児を監護している保護者に対して手当を支給する特別児童扶養手当や、障害児に支給される障害児福祉手当などもあります。

第1章 障害児・難病児の支援で まず知っておきたいこと

第2章 障害児・難病児に 関係する疾患・障害

第3章 障害児・難病児に 関する法制度

第4章 障害児・難病児 サービスの使い方

第5章 児童福祉サービスの 実践事例

第6章 子どもと保護者 への支援のあり方

● 障害者手帳の種類

	身体障害者手帳	療育手帳	精神障害者保健福祉手帳
根拠	身体障害者福祉法（1949年法律第283号）	療育手帳制度について（1973年厚生事務次官通知）※通知に基づき、各自治体において要綱を定めて運用	精神保健及び精神障害者福祉に関する法律（1950年法律第123号）
交付主体	・都道府県知事 ・指定都市の市長 ・中核市の市長	・都道府県知事 ・指定都市の市長 ・児童相談所を設置する中核市の市長	・都道府県知事 ・指定都市の市長
障害分類	・視覚障害 ・聴覚・平衡機能障害 ・音声・言語・そしゃく障害 ・肢体不自由（上肢不自由、下肢不自由、体幹機能障害、脳原性運動機能障害） ・心臓機能障害 ・じん臓機能障害 ・呼吸機能障害 ・ぼうこう・直腸機能障害 ・小腸機能障害 ・HIVによる免疫機能障害 ・肝臓機能障害	知的障害	・統合失調症 ・気分（感情）障害 ・非定型精神病 ・てんかん ・中毒精神病 ・器質性精神障害（高次脳機能障害を含む） ・発達障害 ・その他の精神疾患
所持者数	491万98人 （2021年度福祉行政報告例）	121万3063人 （2021年度福祉行政報告例）	126万3460人 （2021年度衛生行政報告例）

> 発達障害の場合は、症状によって療育手帳または精神障害者保健福祉手帳を取得するかを判断する

● 身体障害者手帳（カード版）のイメージ

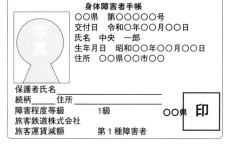

身体障害者手帳
〇〇県　第〇〇〇〇〇号
交付日　令和〇年〇〇月〇〇日
氏名　中央　一郎
生年月日　昭和〇〇年〇〇月〇〇日
住所　〇〇県〇〇市〇〇

保護者氏名＿＿＿＿＿＿＿＿＿
続柄＿＿＿＿住所＿＿＿＿＿＿＿
障害程度等級　　1級
旅客鉄道株式会社
旅客運賃減額　　第1種障害者

〇〇県　印

備考

注意事項
1．この手帳の交付を受けて更生しようとなさる方には、国、都道府県、市町村などが出来るだけのお世話をすることになっています。
2．医療や生活や職業などのことでそうだんされたときや、つえ、義しなどがひつようなときは、いつでも近くの市町村役場、福祉事務所、保健所、児童相談所などに御相談ください。
3．身体障害者福祉司、児童福祉司などが訪問させていただくことがありますが、そのときには、御希望を述べて御相談ください。
4．この手帳は、なくさないように大切におもちください。
5．住所や氏名が変わったときは、すぐに変更の届を出してください。
6．この手帳を万一なくしたり、使用できないようになったときは、再交付を申請してください。
7．この手帳は他人に譲ったり貸したりしてはなりません。

> 近年手帳の形式もカード式が登場したり、アプリで管理ができるようになったりと、使い勝手がよくなってきました。

29

児童扶養手当、特別児童扶養手当、障害児福祉手当等

▶ 児童扶養手当：父または母と生計を同じくしていない児童の家庭が対象

　児童扶養手当は、父または母と生計を同じくしていない児童が育成される家庭の生活の安定と自立の促進のために支給される手当のことで、1961（昭和36）年に制定された児童扶養手当法に規定されています。父または母と生計を同じくしていない児童とは、父母が婚姻を解消した家庭、父または母が重度の障害の状態にある、または死亡した家庭等をさし、18歳に達する日以後の最初の3月31日までの間にある児童または20歳未満で障害の状態にある児童が対象になります。これらの児童に対して、所得に応じて支給されています。以前は母子家庭のみが対象でしたが、2010（平成22）年からは、父子家庭も対象になりました。手当の支給主体は、都道府県、市および福祉事務所設置町村です。手当額は、所得や子どもの人数によって変わります。

▶ 特別児童扶養手当・障害児福祉手当：障害を有する児童が対象

　特別児童扶養手当は、精神または身体に障害のある児童に支給される手当で、**障害児福祉手当**は、精神または身体に重度の障害を有する児童に支給される手当のことです。これらの手当については、1964（昭和39）年に制定された、特別児童扶養手当等の支給に関する法律に規定されています。この法律の対象である障害児・重度障害児とは、20歳未満の児童であり、重度障害児には、特別児童扶養手当と障害児福祉手当が重ねて支給されます。なお、この法律に規定されている、**特別障害者手当**は、20歳以上で、精神または身体に著しく重度の障害があり、常時介護を必要とする人を対象とした手当です。20歳以上の障害者は、障害の程度や経済状況に応じて、特別障害者手当や障害基礎年金が支給されますが、施設に入所している場合等には支給されません。

第1章 障害児・難病児の支援で まず知っておきたいこと

第2章 障害児・難病児に 関係する疾患・障害

第3章 障害児・難病児に 関する法制度

第4章 障害児・難病児 サービスの使い方

第5章 児童福祉サービスの 実践事例

第6章 子どもと保護者 への支援のあり方

いずれかに該当する児童を父または母以外の者が養育する場合も対象。2010年8月より、父子家庭も対象

児童扶養手当（金額は2023年4月から適用）

給付の対象	・父母が離婚・行方不明等の理由により父または母がいない世帯 ・未婚による母子世帯 ・父または母が一定の障害の状態にある世帯
児童の定義	18歳に達する日以後の最初の3月31日までの間にある者 （障害児の場合は20歳未満）
支給月額	全部支給：4万4140円、一部支給：4万4130円から1万410円 児童2人目、3人目以上につき加算有
所得制限	あり（前年の所得に基づく）
支給主体	都道府県、市および福祉事務所設置町村
財源	国1/3、都道府県、市および福祉事務所設置町村2/3

特別児童扶養手当等（金額は2023年4月から適用）

	給付の対象	支給月額
特別児童扶養手当	精神または身体に障害を有する児童	1級：5万3700円 2級：3万5760円
障害児福祉手当	精神または身体に重度の障害を有する児童	1万5220円
特別障害者手当	精神または身体に著しく重度の障害を有する者	2万7980円

障害児とは20歳未満であり、一定の障害の状態にある児童とされています。特別障害者とは、20歳以上で、一定の障害の状態のために常時特別の介護を必要とする人です。本人や扶養義務者等の前年の所得が一定の額以上であるときは支給されません。

30

在宅レスパイト事業

■ **家族の負担を減らすレスパイトサービス**

重症心身障害児や医療的ケアを必要とする児童がいる家庭にとって、在宅生活を続けていくためには、在宅、外部問わずさまざまな支援を活用する必要があります。しかし、一番の支援者は家族であることには変わりなく、その負担は大きいものです。家族が無理をして支援することは望ましいことではありません。そのため、**家族が休息するため、急な外出をしなければならないときなどに利用できる制度**として、自治体で**在宅レスパイト事業**を行っている場合があります。

これは、訪問看護事業者が訪問看護師を自宅に派遣し、家族等が日頃行っている医療的ケアや食事・排泄等の介助、体位交換などの療養上必要な行為を行ってくれるものになっています。

■ **利用の際には自治体に確認を**

細かな内容については自治体によって異なりますが、例えば、東京都新宿区の場合、重症心身障害児（者）等在宅レスパイト事業として、年度ごとに144時間を超えない範囲で利用でき、利用時間は2〜4時間までとなっています（2023（令和5）年度現在）。利用できる条件は、自治体の規定により異なっているため、利用を希望する場合は、まずは居住地の自治体で事業を行っているかどうかの確認を行ってください。

子どもが健やかに育つためには、同じように家族も心身ともに健康であることが大切です。「子どもが大変なのに自分が楽しむことをするなんて……」と思う人も少なくありませんが、自分の生活を守ることが、子どもたちの生活を守ることにもつながると考えてほしいと思います。

レスパイトサービスのイメージ

自宅

○○訪問看護ステーション
訪問看護ステーション

医療的ケアの必要な
重症心身障害児等

介護する家族

訪問看護師

レスパイトとは『息抜き』『休息』という意味です。

家族の休養やリフレッシュのための時間をつくることができる

利用条件の例

（1）	医療的ケアが必要な在宅生活を送っている重症心身障害児（者）
（2）	次の表にある特定の医療的ケアが必要な人工呼吸器を装着している障害児、またはその他の日常生活を営むために医療を要する状態にあり、在宅生活を送っている障害児

医療的ケア（以下のいずれかのケアを受けていること）			
1	人工呼吸器管理（毎日行う機械的気道加圧を要するカフマシン、NIPPV、CPAPを含む）	7	中心静脈栄養（IVH）
2	気道内挿管、気道切開	8	経管（経鼻・胃ろうを含む）
3	鼻咽頭エアウェイ	9	腸ろう・腸管栄養
4	酸素吸入	10	継続する透析（腹膜灌流を含む）
5	6回/日以上の頻回の吸引	11	定期導尿（3回/日以上）（人口膀胱を含む）
6	ネブライザー 6回/日以上または継続使用	12	人工肛門

（3）	（1）か（2）のどちらかに該当し、医療保険などによる訪問看護ですでに医療的ケアを受けている者

第1章 障害児・難病児の支援でまず知っておきたいこと

第2章 障害児・難病児に関係する疾患・障害

第3章 障害児・難病児に関する法制度

第4章 障害児・難病児サービスの使い方

第5章 児童福祉サービスの実践事例

第6章 子どもと保護者への支援のあり方

31

緊急一時保護

緊急時の一時的保護のための制度

在宅レスパイト事業は、あくまでも家族の一時的な休息や用事のために使用するものであり、中〜長期間の利用を想定しているものではありません。しかし、例えば、家族が急遽入院してしまうなどの急を要する場合や、虐待事案などで急いで保護をすることが必要な場合もあります。そのような事態に対応するために自治体が行っているのが**緊急一時保護制度**です。これは、主に自治体の指定する施設で保護を行います。虐待対応のための事業として行っている場合や、介護者等の緊急の事情によるものも含む場合もあるなど、自治体によって実施している内容に差があります。

また、介護者等の事情による緊急一時保護を実施している場合、障害者総合支援法による短期入所が使える場合は、そちらを優先するなど、**あくまでも緊急対応が必要な場合に利用されることを想定したもの**です。

自治体ごとで助成内容に差があることに注意

生まれ育った地域のなかで生活ができるように、国によるさまざまな制度、政策が整いつつあります。しかし、全国一律の制度では不十分な部分がどうしても出てくるため、地域生活を支えていくためには、こうした都道府県などの自治体による助成をうまく利用していくことが必要です。

しかし、自治体の考え方などにより、提供されるサービスにはどうしても差が出てしまい、結果として家族が困難を抱えたままつらい思いをすることも少なくありません。より使いやすい制度にしていくために、家族の状況を国や自治体に伝えていくことも、子どもたちの生活を豊かにしていく上で重要になってくるといえます。

施設での一時保護利用時の基本的な流れ

虐待以外での理由による利用の場合、事前に居住地の自治体に登録をしておくことが必要なことがある

受け入れ依頼 →

自治体

事業所

利用申請

サービス利用　サービス提供

利用者

児童相談所における児童虐待に関する相談対応件数

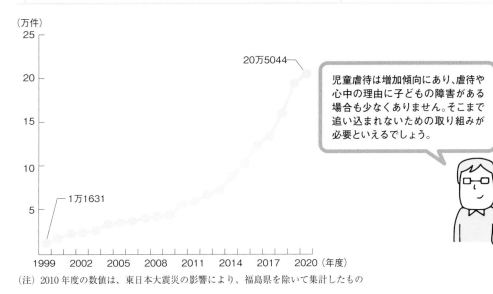

（万件）

20万5044

児童虐待は増加傾向にあり、虐待や心中の理由に子どもの障害がある場合も少なくありません。そこまで追い込まれないための取り組みが必要といえるでしょう。

1万1631

1999　2002　2005　2008　2011　2014　2017　2020（年度）

（注）2010年度の数値は、東日本大震災の影響により、福島県を除いて集計したもの

32

医療費助成
（乳幼児等医療費助成）

▶ 子どもの医療費を自治体が負担してくれる

　障害を抱えて生活をする上では、余分な出費がどうしても増えてしまいます。そのなかでも家計を圧迫するのが医療費です。高額な医療費を払い続けることは、家族に大変な負担がのしかかるため、いくつかの支援策が用意されています。先述した自立支援医療もその一つです。ここでは、**乳幼児等医療費助成**について解説します。

　わが国では公的医療保険制度により、医療費の自己負担は原則3割（義務教育就学前と70歳以上75歳未満の一部は2割）となっています。しかし、それでも高額な医療を受けたり、月に何度も病院にかかるとなると相当な額になりますし、障害の有無にかかわらず、子どもが健やかに成長するために、安心して病院を受診できることが大切です。そのため、子どもの医療費を自治体が一定程度負担する制度が、乳幼児等医療費助成制度です。なお自治体の事業のため、名称は自治体ごとに異なります。

▶ 自治体ごとで助成内容に差があることに注意

　現在、すべての自治体がこの助成を行っています。ただし、運用は自治体によって異なり、例えば、京都市の場合、対象年齢は入院、通院ともに15歳になる年度末まで（2023（令和5）年現在）です。この対象年齢を18歳までとして運用している自治体もある反面、就学前までとしているところもあります。さらに、自己負担が全くないところもあれば、上限額を定めているところや、所得制限を設けているところもあります。

　自治体によって大きく差がある制度であるため、自分の住んでいる自治体がどうなっているのかを確認し、子どもの状況に応じて、小児慢性特定疾病医療費助成（➡ P.164）などを活用するなど、どうすれば負担を減らせるのかを考えることが大切です。

東京都の乳幼児医療費助成制度の医療証

ⓛ 医 療 証					
負担者番号	8	8	1	3	
受給者番号					
乳幼児	氏 名				男・女
	生年月日	平成・令和　年　月　日生			
保護者	住 所	〒 見本			
	氏 名				
有効期間	令和●年 10 月 1 日から 令和●年 9 月 30 日まで				
交付年月日	令和　年　月　日				

（淡い緑）

基本的にこの医療証を使って自己負担が軽減されるのは同一都道府県内の医療機関のみです。県外の医療機関を受診した場合は、一旦医療費を支払った上で、後ほど助成申請を市区町村にすることになります。

都道府県による乳幼児等医療費に対する援助の実施状況

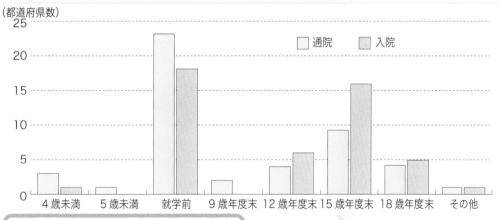

（都道府県数）

通院　入院

4 歳未満　5 歳未満　就学前　9 歳年度末　12 歳年度末　15 歳年度末　18 歳年度末　その他

このほか、出生時の体重が2000g以下の場合等に医療費の助成が受けられる未熟児養育医療制度もあります。この制度の場合は、赤ちゃんが入院中に手続きをする必要があることに注意が必要です。

都道府県による基準をもとに、市町村が対象年齢の引き上げや助成範囲の拡大をしているため、同じ都道府県のなかでも制度が異なっていることもある

右側縦書き：
第1章　障害児・難病児の支援で まず知っておきたいこと
第2章　障害児・難病児に 関係する疾患・障害
第3章　障害児・難病児に 関する法制度
第4章　障害児・難病児 サービスの使い方
第5章　児童福祉サービスの 実践事例
第6章　子どもと保護者 への支援のあり方

第3章参考文献

- 厚生労働省（2022）「令和3年社会福祉施設等調査の概況」
- 厚生労働省（2020）「障害児入所施設の機能強化をめざして— 障害児入所施設の在り方に関する検討会報告書（ポイント）」
- 厚生労働省（2022）「社会的養育の推進に向けて」
- 厚生労働省（2018）「児童養護施設入所児童等調査」
- 内閣府「令和4年版 子供・若者白書」
- 厚生労働省（2017）「児童発達支援ガイドライン」
- 全国児童発達支援協議会（監修）『新版障害児通所支援ハンドブック』エンパワメント研究所，2020.
- 令和2年度 障害者総合福祉推進事業「ヘルパーによる長時間の介助が必要とされている障害児等に対する支援の在り方に関する調査研究報告書」
- 厚生労働省「令和3年度 乳幼児等に係る医療費の援助についての調査」
- 厚生労働省（2017）「保育所等訪問支援の効果的な実施を図るための手引書」
- 厚生労働省「令和3年度児童相談所での児童虐待相談対応件数」
- 特定非営利活動法人日本相談支援専門員協会「障害児相談支援の在り方について…重層的な子どもの相談支援体制構築のために…」
- PwC コンサルティング合同会社（2021）「地域における地域生活支援事業の効果を検証するための調査研究事業報告書」
- 厚生労働省（2023）「介護給付費等に係る支給決定事務等について（事務処理要領）」
- 厚生労働省（2023）「障害児通所給付費に係る通所給付決定事務等について」
- 厚生労働省（2017）「重度障害者等包括支援に係る報酬・基準について」
- みずほ情報総研株式会社（2019）「地域生活支援事業の実施状況（実態）及び効果的な実施に向けた調査研究報告書」
- 特定非営利活動法人アスペ・エルデの会（2018）「巡回支援専門員による効果的な子育て支援プログラムに関する調査とその普及」
- 厚生労働省（2017）「補装具費支給制度における借受けの導入について」
- 国立重度知的障害者総合施設のぞみの園（2013）「身近な場所で暮らしを支えてみませんか？」

障害児・難病児
サービスの使い方

01

障害福祉サービスの
申請窓口

▶ **通所・入所などで異なる申請窓口**

　障害児に関するサービスは、大きく**児童福祉法**に基づくものと、**障害者総合支援法**に基づくものに分けられます。このなかでも、障害者総合支援法にかかわる通所系の施設利用を希望する場合と、入所系の施設利用を希望する場合では、**申請先が違うことに注意が必要**です。

　通所系の施設や在宅支援サービスを利用するには、障害者総合支援法のサービスと同様、市区町村に申請することが必要です。一方で、入所施設を利用したい場合は、都道府県が管轄となりますが、受付窓口については自治体によって異なる場合があるため、通院医療機関や自治体窓口へ確認してください。親と離れて暮らすことになるため、その利用も慎重に判断することが求められており、児童支援の基幹組織である児童相談所が、本当に入所が必要かどうかを検討して受給者証が交付されることになります。

▶ **サービス利用にあたって**

　例えば、小中高生が利用する放課後等デイサービスなどは近年たくさん開設されており、それぞれ特徴のある実践を行っています。多くの施設が見学等を実施していますので、預かってくれるならどこでもよいというのではなく、**子どもの抱えている課題に合った施設を利用できるよう、事前に見学をしてみるとよいでしょう。**

　入所施設については、そもそもの数が少ないこともあり、必ずしもすぐに入所できるとは限りません。また施設によって雰囲気も異なりますので、子どもに合っているかどうかも不安になるでしょう。そのため、自分の利用したいと考えている施設があれば、一度その施設に相談するとよいでしょう。

障害児サービスの内容と利用申請先

申請先	児童福祉法	障害者総合支援法
市区町村	児童発達支援（医療型児童発達支援）	居宅介護
	放課後等デイサービス	行動援護
	居宅訪問型児童発達支援	重度障害者等包括支援
	保育所等訪問支援	短期入所
		その他（移動支援　等）
都道府県 （児童相談所）	福祉型障害児入所施設	
	医療型障害児入所施設	

放課後等デイサービスのイメージ

〈1日当たりの時間に着眼したイメージ〉

例えば、同じ放課後等デイサービスでも、方針によって実施時間や内容が異なる。どのような支援を求めるのか、利用前に考えておこう

総合的な支援

短時間の支援　←　主に平日の支援　主に休日の支援　→　長時間の支援

特定のプログラムによる支援

※放課後等デイサービスでは、活動内容に伴い「総合支援型」「特定プログラム特化型」の二つに整理されることが示されている（2022年9月現在）

第1章　障害児・難病児の支援でまず知っておきたいこと

第2章　障害児・難病児に関係する疾患・障害

第3章　障害児・難病児に関する法制度

第4章　障害児・難病児サービスの使い方

第5章　児童福祉サービスの実践事例

第6章　子どもと保護者への支援のあり方

02

障害児通所支援
利用の流れ

障害者とは異なる判断基準

　障害児が**通所支援**を利用する際には、どのようなサービスを、どの程度利用するのか等について決めていく必要があります。障害者の場合は、サービス利用の際に認定調査を行い、どの程度の支援が必要となるのか基準となる障害支援区分を定めることになりますが、障害児の場合は、**障害支援区分のような明確な区分認定を行っていません。**この理由には、障害児の場合は、①発達途上であって、時間経過とともに状況が変化すること、②乳児期については、通常必要となる育児上のケアとの区分が必要となること、③現段階で直ちに使用可能な指標が存在していないこと、の3点が挙げられます。

手帳がなくても利用可能

　支援区分はありませんが、何の判断材料もなく支給決定をするわけではありません。まずそもそも通所サービスが必要な児童であるかを確認するため、障害者手帳や特別児童扶養手当等を受給していることを証明する書類の確認、もしくは通所サービスが必要かどうかを市町村の保健センター等に意見を求めることになります。この時点では、特に手帳を持っていることは条件には入っていないため、あくまでもサービスを利用することが適切と認められれば問題ありません。

　その上で、市町村は、対象となる障害児またはその保護者と面接をし、その心身の状況のほか、現住所の立地や交通手段の状況などおかれている環境、どのようなサービスを利用したいと考えているのかといった意向等を確認します。障害の程度については、**食事や排泄、入浴、移動、行動障害および精神症状の5領域11項目**の質問項目から把握します。これらの情報を基に、最終的に支給の要否、支給量を決定していきます。

障害者と障害児の支給決定の違い

障害者 → 認定調査 → 障害支援区分の決定 → 利用計画案の作成 → 支給決定

障害児 → 市町村による面接等・判定 → 障害児支援利用計画案の作成 → 支給決定

市町村による調査項目（5領域11項目）

	項目	
1	食事	
2	排泄	
3	入浴	
4	移動	
5	行動障害および精神症状	(1) 強いこだわり、多動、パニック等の不安定な行動や、危険の認識に欠ける行動
		(2) 睡眠障害や食事・排泄に係る不適応行動（多飲水や過飲水を含む）
		(3) 自分を叩いたり傷つけたり他人を叩いたり蹴ったり、器物を壊したりする行為
		(4) 気分が憂鬱で悲観的になったり、時には思考力が低下する
		(5) 再三の手洗いや繰り返しの確認のため日常動作に時間がかかる
		(6) 他者と交流することの不安や緊張、感覚の過敏さ等のため外出や集団参加ができない。また、自室に閉じこもって何もしないでいる
		(7) 学習障害のため、読み書きが困難

実際に答えるのは保護者となることが多いため、より適切な判断がされるよう、子どもの様子をふだんからよく確認しておくことが大切です。

第1章 障害児・難病児の支援でまず知っておきたいこと

第2章 障害児・難病児に関係する疾患・障害

第3章 障害児・難病児に関する法制度

第4章 障害児・難病児サービスの使い方

第5章 児童福祉サービスの実践事例

第6章 子どもと保護者への支援のあり方

03 サービス等利用計画と モニタリング

● 障害児相談支援事業者による計画作成

　通所施設を利用する場合は、各種申請書のほか、**障害児支援利用計画（案）**を提出することが必要です。これは、主に**障害児相談支援事業者**が作成するものになります。

　障害児相談支援事業は、障害者総合支援法における特定相談支援事業の障害児版といえるもので、障害者・障害児ともに取り扱っている事業所もあれば、障害者のみの所もあるため、どこで対応しているかわからない場合は、市町村に尋ねれば教えてもらえます。

　障害児相談支援事業者は、障害児の状況に応じて、どのような支援がいるのか、どのようなサービスが必要になるのかをふまえた計画を作成します。よりよいサービスを利用できるよう、作成の際には、障害児の状況や、どのようなサービスを受けたいのか、しっかりと担当の相談支援専門員に伝えることが重要です。

● 状況に合わせた支援のためのモニタリング

　通所給付の支給決定がされると、実際に利用する施設との調整を進めていき、正式な障害児支援利用計画を作成することになります。

　しかし、一度作成すればおしまい、というわけではなく、成長に伴う発達状況や障害の変化などに対応していかなければなりません。そのため本当にそのプランが効果的に運用されているかを判断し、**必要に応じて計画の修正等をするためのモニタリングが行われます**。新規については3か月の間毎月、その後は状況に応じて設定されたモニタリング標準期間（概ね3〜6か月）ごとに行われます。

　なお、家族等によって独自に利用計画を立てることも可能ですが（セルフプラン）、その場合は、上記のモニタリングは行われないことに注意が必要です。

サービス利用の流れ 図

障害児相談支援事業者とサービス事業者の関係

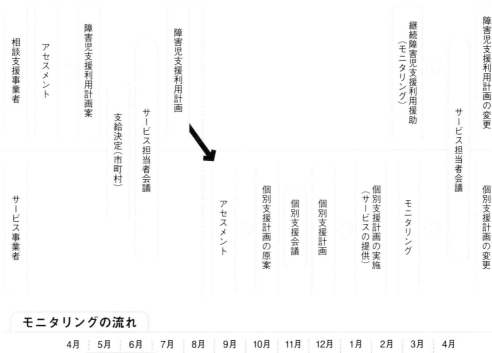

モニタリングの流れ

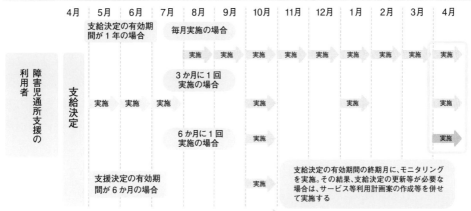

第1章 障害児・難病児の支援で まず知っておきたいこと
第2章 障害児・難病児に 関係する疾患・障害
第3章 障害児・難病児に 関する法制度
第4章 障害児・難病児 サービスの使い方
第5章 児童福祉サービスの 実践事例
第6章 子どもと保護者 への支援のあり方

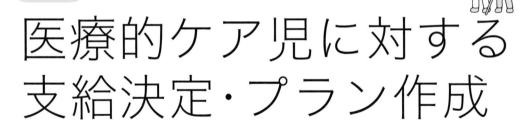

04

医療的ケア児に対する
支給決定・プラン作成

▶ セルフプランができない場合

　前項で、家族等によって計画を立てること（セルフプラン）も可能、としましたが、すべての計画を立てることができるわけではありません。

　居宅訪問型児童発達支援を利用したい場合については、障害児相談支援事業所が作成した障害児支援利用計画案が必須となっています。これは、居宅訪問型児童発達支援が、医療的ケアを必要とするなど、重度の障害があり児童発達支援事業所等に通所することができない障害児を対象にしたものであるため、**専門的な知見から計画を立てることが必要**だからといえるでしょう。

▶ 医療的ケア児の支給決定には十分な配慮が必要

　また、医療的ケア児に対する支援においては、先に述べた面接による聞き取りだけでは十分に判断することはできません。そのため、適切な支給量を出すため、NICU等での集中治療を経て退院した直後である場合や、5領域11項目の調査だけでは支給の要否および支給量の決定が難しい乳幼児期（特に0歳から2歳）の医療的ケア児については、**医療的ケアの判定スコア**の調査を行うことが望まれています。

　従来の5領域11項目の調査だけでは、申請している子どもの介助について、乳幼児として通常想定される範囲に収まるものなのか、それとも内部障害等により、それを超える介助等を必要としている状態であるかどうかを判断することが困難です。そのため、医療的ケアの判定スコアの調査項目欄に規定するいずれかの医療行為を必要とする状態である場合は、「通常の発達を超える介助等を要するもの」として通所給付決定を行うことは問題ないとされています。

項目	細項目	基本スコア	見守りスコア 高	見守りスコア 中	見守りスコア 低
①人工呼吸器（鼻マスク式補助換気法、ハイフローセラピー、間歇的陽圧吸入法、排痰補助装置及び高頻度胸壁振動装置を含む）の管理		10	2	1	0
②気管切開の管理		8	2		0
③鼻咽頭エアウェイの管理		5	1		0
④酸素療法		8	1		0
⑤吸引（口鼻腔又は気管内吸引に限る）		8	1		0
⑥ネブライザーの管理		3		0	
⑦経管栄養	⑴経鼻胃管、胃瘻、経鼻腸管、経胃瘻腸管、腸瘻又は食道瘻	8	2		0
	⑵持続経管注入ポンプ使用	3	1		0
⑧中心静脈カテーテルの管理（中心静脈栄養、肺高血圧症治療薬、麻薬等）		8	2		0
⑨皮下注射	⑴皮下注射（インスリン、麻薬等の注射を含む）	5	1		0
	⑵持続皮下注射ポンプの使用	3	1		0
⑩血糖測定（持続血糖測定器による血糖測定を含む）		3	1		0
⑪継続的な透析（血液透析、腹膜透析等）		8	2		0
⑫導尿	⑴間欠的導尿	5		0	
	⑵持続的導尿（尿道留置カテーテル、膀胱瘻、腎瘻又は尿路ストーマ）	3	1		0
⑬排便管理	⑴消化管ストーマの使用	5	1		0
	⑵摘便又は洗腸	5		0	
	⑶浣腸	3		0	
⑭痙攣時における座薬挿入、吸引、酸素投与又は迷走神経刺激装置の作動等の処置		3	2		0

基本スコアは医療行為の該当有無についての評価、見守りスコアは医療ケアがもつリスクの判定を行うもので、医師により判定が行われます。

第1章 障害児・難病児の支援でまず知っておきたいこと

第2章 障害児・難病児に関係する疾患・障害

第3章 障害児・難病児に関する法制度

第4章 障害児・難病児サービスの使い方

第5章 児童福祉サービスの実践事例

第6章 子どもと保護者への支援のあり方

05

障害児入所施設
利用の流れ

▶ 入所支援が適切かどうかの判断が必要

　障害児入所施設についても、現在は、基本的に契約制度に基づいて入所手続きを行います。なお入所施設の入所にあたっては、**必ず児童相談所の意見を聞かなければならない**、とされているところが大きく異なります。

　まずは入所に関する相談を行うことになりますが、実際に入所支援が必要かどうかの判断をすることが大切です。通っている医療機関や通いたいと考えている施設に、利用について相談をしてみましょう。またどこに相談してよいかわからない場合などは、居住地の自治体や、地域の児童相談所に問い合わせてください。施設利用にあたっては、通所施設と同様、必ずしも障害者手帳は必要ありませんが、入所施設の特性上、施設の定員に空きがなければ利用することができないことを理解しておくことが必要です。

▶ 悩んだ際には相談を

　入所に関する相談の後に申請を行い、支給決定されると、**入所受給者証**が交付されます。通所施設を利用する場合も受給者証は交付されますが、**通所受給者証**と入所受給者証は別物であるため、すでに通所施設を利用している場合であっても、新たに入所受給者証が交付されます。なお、医療型障害児入所施設に入所する場合は、これに加えて**医療受給者証**も交付されることになります。

　近年はできる限り地域のなかで支援していくことが進められており、多くの通所系施設ができています。とはいえ、障害児本人や家庭の状況等により、入所施設のほうが適している場合もあります。しかし、その判断は当事者だけでは難しいものです。どうしたらよいか悩んだ際は、**居住地の市区町村や児童相談所に相談してみてください**。

入所手続きのフロー例

利用者

①障害児施設給付費の支給申請

②支給決定（利用上限額等）

③契約

④サービス提供

⑤利用者負担支払い

児童相談所

⑥給付費の請求

⑦給付費の支払い

指定障害児施設等

障害児入所施設の実数

	総　数	公　立	私　立
福祉型障害児入所施設	249	32	217
医療型障害児入所施設	222	82	140

（2021年度時点）

全国でどちらも200件を超える数となりますが、都道府県により設置数には差があります。

第1章　障害児・難病児の支援でまず知っておきたいこと

第2章　障害児・難病児に関係する疾患・障害

第3章　障害児・難病児に関する法制度

第4章　障害児・難病児サービスの使い方

第5章　児童福祉サービスの実践事例

第6章　子どもと保護者への支援のあり方

06

利用者負担

▶ 上限額は世帯における収入で判断

　実際に施設を利用するとなると、気になるのはどの程度費用がかかるのか、という点でしょう。**利用負担は1割**となっていますが、負担が大きいから利用を控える、といったことがないよう、負担上限額が設定されています。この金額は世帯の収入状況によって違います。障害者の場合は、本人と配偶者の所得によって判断をするのですが、障害児の場合、当然本人に所得があるわけではありませんから、本人の保護者が属している住民基本台帳での**世帯における収入で判断をする**ことになります。なお、生活保護を受給されている世帯や市町村民税が非課税の世帯については、そもそも負担はありません。

▶ 一部年齢によって無償化制度が適用

　未就学の児童が利用する児童発達支援（医療型児童発達支援）、保育所等訪問支援、居宅訪問型児童発達支援、障害児入所施設については、国の制度として**利用者負担の無償化**がなされています。具体的には、満3歳になって初めての4月1日から3年間は、利用者負担はありませんし、それについての**手続きは不要です**。ただし、施設での食費など実費で払っているものや、医療費等については、これとは別に支払う必要があります。

　保育所・幼稚園等を利用している場合、そちらの無償化制度も併せて利用することが可能です。ただし、それ以前に利用をしたい場合は無償化の対象外となりますので、所得によっては自己負担が必要になる場合もあります。

　また、自治体によっては、2歳までの分や、食費分に対して助成を行っている場合もありますので、居住地の自治体に確認をしてみるとよいでしょう。

福祉部分における負担上限額

区分	世帯の収入状況		負担上限月額
生活保護	生活保護受給世帯		0円
低所得1	市町村民税非課税世帯であって、保護者の年収が80万円以下		0円
低所得2	市町村民税非課税世帯のうち、低所得1に該当しない		0円
一般1	市町村民税課税世帯（所得割28万円未満）	通所施設、ホームヘルプ利用の場合	4600円
		入所施設利用の場合	9300円
一般2	上記以外		3万7200円

区分「一般1」の所得割は、障害者の場合、16万円未満なのですが、障害児および20歳未満の施設入所者は28万円と高めに設定されています。

医療型施設利用における医療費上限

世帯区分	所得区分	負担上限月額
生活保護	生活保護受給世帯	0円
低所得1	市町村民税非課税世帯であって、保護者の年収が80万円以下	1万5000円
低所得2	市町村民税非課税世帯のうち、低所得1に該当しない	2万4600円
一般1・2	市町村民税課税世帯	4万200円

第1章 障害児・難病児の支援でまず知っておきたいこと

第2章 障害児・難病児に関係する疾患・障害

第3章 障害児・難病児に関する法制度

第4章 障害児・難病児サービスの使い方

第5章 児童福祉サービスの実践事例

第6章 子どもと保護者への支援のあり方

07

利用者負担の軽減
（減免制度）

入所施設では生活にかかる予算が合算されて減免される

入所施設のなかでも、特に**医療型障害児入所施設**を利用する場合は、医療費の負担が重くのしかかります。そのため、福祉サービス費の利用者負担、医療費、食事療養費を合算して上限額が設定されます。

障害者にも同様の制度があり、そちらの場合は2万5000円が手元に残るように調整されていますが、障害児の場合は、実際に支払うのは保護者となるため、地域で子どもを養育する世帯と同様の負担になるように調整されている点が異なります。

福祉型障害児入所施設を利用する場合は、食費や光熱費の減免（補足給付）があります。これも地域で子どもを養育する費用（低所得世帯、一般1は5万円、一般2は7万9000円）と同様の負担となるように設定され、所得要件は問われません。

食費の負担軽減措置

もちろん自宅で生活しているといっても、障害児が安心して生活していくためには、さまざまな点で一般家庭に比べて費用がかさんでくることになります。そのため通所施設を利用する場合については、**食費提供体制加算**による負担軽減措置が行われます。これは、食費のうち食材料費のみの負担になるようにしたものです。一般2については、軽減措置がありませんので注意が必要です。

前述した障害児通所支援の無償化制度を併せて利用することにより、費用的な不安によってサービスが利用できないというケースは減ってきたといえるでしょう。しかし制度自体が複雑で、収入状況等によって減免措置が適応されるかどうかがわかりにくいので、不安に思った際には、自治体の担当者に遠慮なく確認してみてください。

（例）医療型障害児入所施設利用者（平均事業費：福祉22.9万円、医療41.4万円）、一般1の場合

20歳未満施設入所者等の医療型個別減免

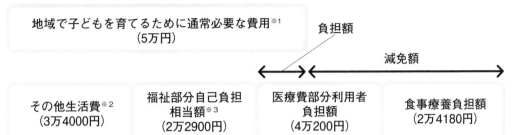

地域で子どもを育てるために通常必要な費用※1
（5万円）

負担額

減免額

| その他生活費※2
（3万4000円） | 福祉部分自己負担
相当額※3
（2万2900円） | 医療費部分利用者
負担額
（4万200円） | 食事療養負担額
（2万4180円） |

※1　低所得世帯、一般1は5万円　一般2は7万9000円
※2　18歳以上は2万5000円、18歳未満は3万4000円
※3　計算上は、事業費（福祉）の1割とし、1万5000円を超える場合は1万5000円として計算する

（例）福祉型障害児入所施設利用者（平均事業費：18.6万円）、一般1の場合

20歳未満入所者の補足給付

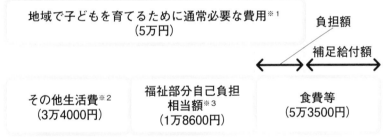

地域で子どもを育てるために通常必要な費用※1
（5万円）

負担額

補足給付額

| その他生活費※2
（3万4000円） | 福祉部分自己負担
相当額※3
（1万8600円） | 食費等
（5万3500円） |

※1　低所得世帯、一般1は5万円　一般2は7万9000円
※2　18歳以上は2万5000円、18歳未満は3万4000円
※3　計算上は、事業費の1割とし、1万5000円を超える場合は1万5000円として計算する

その他、負担によって生活保護の対象となることが
ないように負担軽減がなされる

食事提供体制加算による
食事負担の軽減額は施設
ごとに異なります。

第1章　障害児・難病児の支援で　まず知っておきたいこと

第2章　障害児・難病児に関係する疾患・障害

第3章　障害児・難病児に関する法制度

第4章　障害児・難病児サービスの使い方

第5章　児童福祉サービスの実践事例

第6章　子どもと保護者への支援のあり方

08

就学前児童についての
負担軽減制度

▶ 多子家庭に対する軽減措置

前項07（➡ P.160）以外の障害児サービスにかかわる減免制度としては、障害児通所支援利用児童に対する**多子軽減措置**があります。

これは、生計を同じにしている兄姉がいた上で、第2子以降に就学前の障害児がいた場合に、サービスの利用者負担額が軽減されるものになります。ここでポイントとなるのが、第1子の考え方です。以前は第1子のカウントが、小学校就学以降の子は対象外となるため、たとえいたとしてもカウントされず、小学校就学前の子のなかで、最も年長である子を第1子とカウントしていました。これが2016（平成28）年に、小学校就学以降の子がいる場合は、その子を第1子にカウントすることになりました。

▶ 無償化制度対象外の障害児がいる場合のメリット

具体的には、適応されるサービスは、児童発達支援（医療型児童発達支援）、保育所等訪問支援です。放課後等デイサービスは、対象となっていないことに注意が必要です。加えて、第1子が小学校就学以上か、保育所等に通う就学前児童かによって、所得制限がかかるため、その点にも注意してください。

負担額は、第2子が通常1割負担のところ、0.5割負担となり、第3子以降については無料となります。ただし、上限負担金額に変更はないので、頻繁に利用し上限金額に達するような場合は、第3子以降が無料になるという点が、助成の大きな部分となってきます。

現在は、先に述べた無償化制度によって、3歳児から就学前までは無償化制度が適用されますので、実質的には**2人以上子どもがいて、かつ3歳未満の児童がいる家庭に対して大きなメリットがある制度**といえるでしょう。

多子軽減制度の対象児童

① 所得割合算額が7万7101円以上の世帯で、兄または姉が保育所等（※）に通う就学前の障害児通所支援を利用する児童

　※ 保育所等：保育所、幼稚園、認定こども園、児童通所支援、特別支援学校の幼稚部、児童心理治療施設、特例保育、家庭的保育事業等

② 所得割合算額が7万7101円未満の世帯で、保護者と生計を同一にする兄または姉がいる就学前の障害児通所支援を利用する児童

所得割合算額7万7101円は、概ね年収360万円を想定して設定されているが、この年収は控除等によって変動するため、実際に当てはまるかどうかは、自治体に確認をするとよい

多子軽減のイメージ（小学校就学前児童が2人以上いる場合）

← 小学校就学　　　　　　　　　　　　　　　　　　　　　0歳

無償化対象児童の可能性あり	小学校就学前児童のうち最年長の児童	小学校就学前児童のうち2番目の児童	小学校就学前児童のうち3番目以降の児童

最年長の児童

障害児（1人目）

10／100 → 5／100 の表記ではなく

障害児（1人目）
10／100 → or
無償化対象の場合 0／100

幼稚園等

2番目の児童

障害児（2人目）
10／100 → 5／100 or
無償化対象の場合 0／100

幼稚園等

障害児（1人目）
10／100 → 5／100 or
無償化対象の場合 0／100

幼稚園等

3番目以降の児童

障害児（3人目以降）
0／100

幼稚園等

障害児（2人目以降）
0／100

幼稚園等

障害児（2人目以降）
0／100

幼稚園等

障害児（1人目以降）
0／100

幼稚園等

09

小児慢性特定疾病の
医療費助成

■ 長期化する医療に対応する医療費助成

　小児の疾患のなかには、治療に時間がかかるものが少なくなく、医療費による家計への打撃は少なからず生じてしまいます。そのため、小児難病を抱える児童が安心して医療を受けられるように、**小児慢性特定疾病対策事業**として医療費助成制度が整備されています。

　対象となる疾患は、①慢性に経過する疾患であること、②生命を長期に脅かす疾患であること、③症状や治療が長期に生活の質を低下させる疾患であること、④長期にわたって高額な医療費の負担が続く疾患であること、の四つに該当したもののうち、厚生労働大臣が定めることになっており、定期的に見直しが行われています。2023（令和5）年9月時点では16疾患群、788疾病が対象です。

　小児のための制度であるため、利用できるのは原則18歳未満の児童ですが、18歳到達時点において小児慢性特定疾病の医療費助成の対象になっており、かつ、18歳到達後も引き続き治療が必要と認められる場合には、20歳未満の者も対象とします。

■ 窓口負担は2割

　具体的な助成の内容については、まず医療費の自己負担額が、通常であれば3割負担であるところ、**2割負担**になっています。また、上限額も6段階で設定され、年収によって上限設定がされています。最も医療費がかかる場合でも1万5000円（医療費のみ）まで、人工呼吸器等装着者に関しては、生活保護等を除きすべて500円となっています。

　なお、自治体が実施している乳幼児医療費助成制度やひとり親家庭に対する医療費助成などの福祉医療と呼ばれる助成制度との併用も可能です。併用した場合の具体的な医療費については、自治体に確認してください。

小児慢性特定疾病医療費助成における自己負担上限額

階層区分	階層区分の基準 *（ ）内は 夫婦2人・子1人世帯の 場合における年収の目安	患者負担割合：2割		
		自己負担上限額（外来＋入院）		
		一般	重症（※）	人工呼吸器等 装着者
生活保護等	――	0円	0円	0円
低所得Ⅰ	市町村民税非課税（世帯） 本人年収：～80万円	1250円	1250円	500円
低所得Ⅱ	市町村民税非課税（世帯） 本人年収：80万円超～	2500円	2500円	
一般所得Ⅰ	市町村民税7万1000円未満 （約200万円～約430万円）	5000円	2500円	
一般所得Ⅱ	市町村民税7万1000円以上25万1000円未満 （約430万円～約850万円）	1万円	5000円	
上位所得	市町村民税25万1000円以上 （約850万円～）	1万5000円	1万円	
入院時の食事療養費		1／2自己負担		

※「重症」とは、①高額な医療が長期的に継続する人（医療費が5万円／月を超える月が年間6回以上ある場合）
②重症患者基準に適合する人

小児慢性特定疾病医療費助成を利用した場合の医療費負担額のイメージ

医療費総額

自己負担2割

8割	2割	
医療保険による給付	小児慢性特定疾病医療費助成	自己負担

※利用する医療費助成が小児慢性特定疾病医療費助成のみの場合

実際に払うことになる金額は上限額までとなり、以降は助成によって賄われる。自己負担の上限額は世帯収入によって異なる

第1章 障害児・難病児の支援で まず知っておきたいこと

第2章 障害児・難病児に 関係する疾患・障害

第3章 障害児・難病児に 関する法制度

第4章 障害児・難病児 サービスの使い方

第5章 児童福祉サービスの 実践事例

第6章 子どもと保護者 への支援のあり方

▶ 申請の流れ

■ 指定医療機関であればどこでも利用可能

　障害者総合支援法でも自立支援医療として医療費助成は行われていますが、こちらはあらかじめ指定している医療機関でなければならず、転院をする場合、あらためて自立支援医療の手続きをとる必要があります。

　小児慢性特定疾病医療費助成も、以前は医療機関を指定する必要がありましたが、現在では、都道府県または市町が指定した**小児慢性特定疾病医療機関**であれば、どこでも利用することができるようになりました。具体的にどの医療機関が指定されているかについては、各自治体に確認するか、小児慢性特定疾病情報センターのホームページから、各自治体の情報へアクセスして確認できます。

■ 申請で困ったことがあったら、気軽に相談を

　申請には、申請書や健康保険証等のほか、**小児慢性特定疾病指定医による医療意見書が必要**になります。この指定医についても自治体が指定医療機関と併せて公表していますので、どの医師にお願いすればよいかわからない場合は、確認をしておきましょう。申請書については、各疾患によって症状が異なるため、それぞれの疾患にあった申請書が個別につくられています。どの申請書で出せばよいのか、またそれに加えて、家庭状況等によって提出する書類が変わる場合があるため、申請を検討する場合は、自治体窓口や担当医、医療機関に配置されている医療ソーシャルワーカー等に事前に相談をしておくのがよいでしょう。18歳以上の場合は、本人名義で申請が必要なことにも注意してください。

　申請内容を基に、小児慢性特定疾病審査会による審査が行われ、認定を受けることができれば受給者証が届きます。認定期間は原則一年で、更新が必要になりますので、忘れないようにしましょう。なお、更新時期は自治体によって異なります。

● 申請の流れと必要書類

①受診

②診断書（医療意見書）

③診断書（医療意見書）
や申請書などの提出

患児・家族

④医療受給者証

⑤受診・治療

指定医

指定医療機関

都道府県等の窓口

◆申請方法について詳しくは、居住地の都道府県等の窓口まで

医療費助成の申請に必要な書類（1〜5）		3	公的医療保険の被保険者証のコピー
1	診断書（医療意見書）	4	市町村民税の課税状況の確認書類
2	申請書（小児慢性特定疾病医療費支給認定用）	5	世帯全員の住民票の写し

※都道府県等の窓口から申請者（保護者等）に対して、1から5以外の書類の提出を求める場合もある

● 2022年4月1日以降の対象者と手続き方法

2022年3月31日まで　▶　2022年4月1日から

小児慢性特定疾病児童等
0歳〜20歳未満が対象

小児慢性特定疾病
児童の保護者
または成年患者

申請等

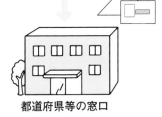

都道府県等の窓口

成年患者　18歳以上20歳未満

■「本人」の名義で申請
■家族等が申請する場合は「委任状」が必要

小児慢性特定疾病児童　18歳未満

■保護者（監護者）が申請
■18歳到達時点で、この制度の対象となっていて、引き続き治療が必要と認められる場合は、「成年患者」に移行する

成人年齢の引き下げに伴い、18歳以上で利用する場合は、本人名義で申請をする必要があります。

より症状が重い場合

　医療費助成のところで触れたとおり、小児慢性特定疾病のなかでも、特に費用が高額かつ長期にわたることが想定される場合、医療費助成の上限額がさらに下がることになっています。これを**重症患者認定**と呼んでいます。具体的には、最も上限金額が高い上位所得層だと1万5000円が1万円となり、5000円の差が出ることになります。たかが5000円と思う人もいるかもしれませんが、長期スパンで見れば大きな金額といえます。

　ここでいう高額な治療が長期的に継続する者とは、「1か月に受けた小児慢性特定疾病医療支援につき健康保険の療養に要する費用の額が5万円を超えた月数が、6か月以上ある者」とされています。しかし、実際に6か月経たないと、この助成を受けられないかというと、必ずしもそうではありません。

負担が特に重いと思われる症状の場合

　重症患者認定の基準は、上記で示した「高額な治療を長期間にわたり継続しなければならない者」のほか、「療養にかかわる負担が特に重い者として厚生労働大臣が定めるもの」という基準があります。こちらについては、P.169の1もしくは2の表に該当するものとされています。具体的な内容は記載していませんが、例えば、眼の場合は、視力のよいほうの眼の視力が0.03以下、もしくは視力のよいほうの眼の視力が0.04かつ他方の眼の視力が手動弁以下（目の前に示した手の動きもわからないレベル）と定められ、聴力の場合は、両耳で聴力レベルが100デシベル（電車通過時のガード下の音）以上とされています。

　自分の症状が申請できるのかどうかがわからない場合は、担当の医師や医療ソーシャルワーカーに気軽に相談してください。

1. 小児慢性特定疾病児童等であって、下の表に掲げる部位等のいずれかについて、同表に掲げる症状の状態のうち、1つ以上が長期間（概ね6か月以上）継続すると認められるもの

対象部位等	症状の状態
眼	眼の機能に著しい障害を有するもの
聴器	聴覚機能に著しい障害を有するもの
上肢	両上肢の機能に著しい障害を有するもの 両上肢のすべての指の機能に著しい障害を有するもの 一上肢の機能に著しい障害を有するもの
下肢	両下肢の機能に著しい障害を有するもの 両下肢を足関節以上で欠くもの
体幹・脊柱	1歳以上の児童において、体幹の機能に座っていることができない程度または立ち上がることができない程度の障害を有するもの
肢体の機能	身体の機能の障害または長期にわたる安静を必要とする病状が、この表の他の項（眼の項および聴器の項を除く）の症状の状態と同程度以上と認められる状態であって、日常生活の用を弁ずることを不能ならしめる程度のもの

2. 小児慢性特定疾病児童等であって、下の表に掲げる疾患群のいずれかについて、同表の治療状況等の状態にあると認められるもの

疾患群	治療状況等の状態
悪性新生物	転移または再発があり、濃厚な治療を行っているもの
慢性腎疾患	血液透析または腹膜透析（CAPD（持続携帯腹膜透析）を含む）を行っているもの
慢性呼吸器疾患	気管切開管理または挿管を行っているもの
慢性心疾患	人工呼吸管理または酸素療法を行っているもの
先天性代謝異常	発達指数もしくは知能指数が20以下である者または1歳以上の児童において寝たきりのもの
神経・筋疾患	発達指数もしくは知能指数が20以下である者または1歳以上の児童において寝たきりのもの
慢性消化器疾患	気管切開管理もしくは挿管を行っている者、3か月以上常時中心静脈栄養を必要としている者または肝不全状態にあるもの
染色体又は遺伝子に変化を伴う症候群	この表の他の項の治療状況等の状態に該当するもの
皮膚疾患	発達指数もしくは知能指数が20以下である者または1歳以上の児童において寝たきりのもの
骨系統疾患	気管切開管理もしくは挿管を行っている者または1歳以上の児童において寝たきりのもの
脈管系疾患	気管切開管理もしくは挿管を行っている者または1歳以上の児童において寝たきりのもの

第1章 障害児・難病児の支援でまず知っておきたいこと
第2章 障害児・難病児に関係する疾患・障害
第3章 障害児・難病児に関する法制度
第4章 障害児・難病児サービスの使い方
第5章 児童福祉サービスの実践事例
第6章 子どもと保護者への支援のあり方

▶ 成長ホルモン治療の認定

■ 低身長治療にも助成可能となる場合

　子どもたちは成長に伴って、身長がどんどんと伸びていきます。しかし、何らかの理由によって、成長ホルモンが分泌されない、または少ないと身長が伸びず、いわゆる低身長の状態になります。このために行われるのが**成長ホルモン治療**です。成長ホルモンの特性上、飲み薬ではなくペン型の注射器等を使ってほぼ毎日、家庭で注射をすることになります。このように長期にわたり必要な治療となるため、小児慢性特定疾病対策での助成対象となっています。

　もちろん、有効性が確認されていない病気に使用する等不適切な使用をすれば、効果がないどころか、有害なことが起こることが危惧されます。そのため、低身長を引き起こすすべての疾患に対応しているわけではなく、安全性と有効性が確立している疾患について、別途示された基準に基づくものに対してのみ実施されることに注意が必要です。

■ 更新の際は基準に該当するかに注意

　治療を開始すると、始めた当初は身長がぐんぐん伸びますが、その後伸び方は緩やかになっていき、最終的に身長が伸びない状態になった段階（これを「骨端線が閉鎖した状態」といいます）で治療は終了となります。小児慢性特定疾病医療費助成では、継続基準に年間に伸びた身長を、終了基準に男女ごとの身長を定めており、その**基準に達した時点で助成が終了**することになります。

　申請には、成長ホルモン治療用の意見書が必要となりますので、希望する場合は、担当医に相談をしてみてください。なお、1年ごとに更新することになり、その際に、治療継続基準を満たしていることが必要となります。

低身長の原因となる疾患

①成長ホルモン分泌不全性低身長症（脳の器質的原因によるものを除く）

②後天性下垂体機能低下症、先天性下垂体機能低下症または成長ホルモン分泌不全性低身長症（脳の器質的原因によるものに限る）

③ターナー症候群またはプラダー・ウィリ症候群

④ヌーナン症候群

⑤軟骨異栄養症

⑥腎機能低下

これらの疾患であり、指定された条件に合致することが条件になっています。新規、継続基準に該当するかどうかについては担当医師や医療ソーシャルワーカーへ相談してみてください。

継続基準

	上記①②の場合	上記③〜⑥の場合
初年度	年間成長速度が6.0cm／年以上または治療中1年間の成長速度と治療前1年間の成長速度との差が、2.0cm／年以上であること	年間成長速度が4.0cm／年以上または治療中1年間の成長速度と治療前1年間の成長速度との差が1.0cm／年以上であること
2年目	年間成長速度が3.0cm/年以上であること	年間成長速度が2.0cm／年以上であること
3年目以降		年間成長速度が1.0cm／年以上であること

終了基準

男子	156.4cm
女子	145.4cm

終了の基準の身長は、正常な大人の身長の下限と考えられている身長とされている

子どもが小さいうちは保護者が自宅で注射を行い、大きくなると自分でできるようになる。具体的にどのようなものがあるかは、医師に確認をする

第1章　障害児・難病児の支援でまず知っておきたいこと
第2章　障害児・難病児に関係する疾患・障害
第3章　障害児・難病児に関する法制度
第4章　障害児・難病児サービスの使い方
第5章　児童福祉サービスの実践事例
第6章　子どもと保護者への支援のあり方

日常生活用具給付等事業について

日常生活をしやすくするための用具の購入助成

　疾患の内容によっては、日常的な動作に支障が出て、不便を感じることも少なくありません。そのような場合に、排泄のための機器や車いす、吸入器などの用具は必要不可欠なものといえます。しかし、それらを使用したい場合には、当然ながら少なくない購入費用がかかることになり、家庭への負担も高まります。そのため、日常生活用具給付事業では、日常生活を営むのに著しく支障のある在宅の小児慢性特定疾病児童等に対して、一部自己負担はありますが、用具の給付を行っています。負担額は、所得状況によって細かく定められています。

　対象となるのは、小児慢性特定疾病医療受給者証をもっており、かつ対象となる種目ごとの要件に該当することが必要です。自治体が実施していますので、利用を希望する場合は居住地の自治体窓口に相談をしてみてください。ただし、障害者総合支援法の補装具など、ほかの制度を使って、同様の用具を購入しているような場合は対象外となります。

購入は十分検討してから

　大まかな手続きの流れは、希望する用具の見積もりをとり、それを基に、各種書類を自治体窓口に申請、給付決定された後、用具を発注します。用具を受け取ったら、その旨を自治体に報告するというものです。申請方法等は自治体によって異なる場合があるため、必ず事前に相談をしておきましょう。

　なお、用具であれば何でもよいのかというと、そういうわけではありません。申請できるものは18項目に限定されており、各用具の基準額や耐用年数も規定されています。専門業者と相談をしながら、**子どもに合っているものはどれか**、よく考えて購入をするようにしてください。

172

第1章 障害児・難病児の支援でまず知っておきたいこと

第2章 障害児・難病児に関係する疾患・障害

第3章 障害児・難病児に関する法制度

第4章 障害児・難病児サービスの使い方

第5章 児童福祉サービスの実践事例

第6章 子どもと保護者への支援のあり方

用具	対象者
便器	常時介護を要する人
特殊マット	寝たきりの状態にある人
特殊便器	上肢機能に障害のある人
特殊寝台	寝たきりの状態にある人
歩行支援用具	下肢が不自由な人
入浴補助用具	入浴に介助を要する人
特殊尿器	自力で排尿できない人
体位変換器	寝たきりの状態にある人
車いす	下肢が不自由な人
頭部保護帽	発作等により頻繁に転倒する人
電気式たん吸引器	呼吸器機能に障害のある人
クールベスト	体温調整が著しく難しい人
紫外線カットクリーム	紫外線に対する防御機能が著しく欠けて、がんや神経障害を起こすことがある人
ネブライザー（吸入器）	呼吸器機能に障害のある人
パルスオキシメーター	人工呼吸器の装着が必要な人
ストーマ装具（蓄便袋）	人口肛門を増設した人
ストーマ装具（蓄尿袋）	人口膀胱を増設した人
人口鼻	人工呼吸器の装着または気管切開が必要な人

このほか、性能についても規定があります。基本的には、子ども、介助者が使いやすいものとされています。

ネブライザー

特殊尿器

パルスオキシメーター

頭部保護帽

成人移行にあたっての支援

子どもから大人への移行—途切れない医療を提供するために

　先天性疾患を抱える子どもたちに対する医療は進歩を続け、現在では多くの人が疾患を抱えながらも成人を迎えることができるようになってきました。一方で小児専門科では診ることができない疾患が増えるなど、**小児医療から成人医療へと、どう円滑に移行させていくか（移行期医療支援）が課題となっています。**この課題に対して、少年慢性特定疾病児童成人移行期医療支援モデル事業が実施され、全国11か所において取り組みを開始、その成果として移行期医療支援ツールなども開発されています。現在は、後継事業により、テキスト作成、研修の実施等が行われています。

　移行期医療支援は、医療機関単独で実施することは困難です。そのため国は都道府県に対して、移行期医療支援体制を構築するために、移行期医療支援の拠点機関の整備や、移行期医療を総合的に支援する機能をもつ移行期医療支援センターの設置、移行期医療支援コーディネーターの配置などを促しています。

移行期支援の要となる移行期医療支援センター

　移行期医療支援センターは、①成人期に達した小児慢性特定疾病の患者に対応可能な診療科・医療機関の情報を把握・公表すること、②小児期の診療科・医療機関と成人期の診療科・医療機関の連絡調整・連携支援を行うこと、③患者自律（自立）支援を円滑に進めるために必要な支援を行うことを、その役割としています。残念ながら、移行期医療支援センターは2021（令和3）年10月現在で7か所、場所も関東周辺と大阪のみと限られており（国立成育医療研究センター内　移行支援・自立支援事業事務局調べ）、まだまだ数としては足りているとはいえません。今後、多くの移行期にある患者が、安心して医療を受け続けていけるよう、取り組みが進んでいくことが望まれます。

移行期医療の概念図

ライフステージ	小児期・思春期	成人期以降

医療のあり方　　←　移行期医療　→

	小児期医療	成人期医療
1. 完全に成人診療科に移行する	小児診療科	成人診療科
2. 小児科と成人診療科の両方にかかる	小児診療科	成人診療科／小児診療科
3. 小児科に継続して受診する	保護・代諾的な医療　小児診療科	自律性を尊重した医療

都道府県における移行期医療支援体制構築のイメージ

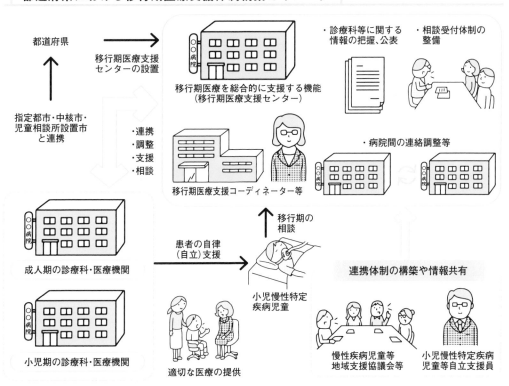

都道府県

移行期医療支援センターの設置

指定都市・中核市・児童相談所設置市と連携

・診療科等に関する情報の把握、公表
・相談受付体制の整備

移行期医療を総合的に支援する機能
（移行期医療支援センター）

・連携
・調整
・支援
・相談

移行期医療支援コーディネーター等

・病院間の連絡調整等

成人期の診療科・医療機関

小児期の診療科・医療機関

患者の自律（自立）支援

移行期の相談

小児慢性特定疾病児童

適切な医療の提供

連携体制の構築や情報共有

慢性疾病児童等地域支援協議会等

小児慢性特定疾病児童等自立支援員

小児慢性特定疾病児童等自立支援事業

子どもたちを地域で支えるためのしくみ

　子どもたちの学力のみならず、社会性や協調性を身につける上で、学校は大きな役割を果たしているといえます。しかし、慢性的な疾患をもつ子どもたちのなかには、思うように学校に行けないケースもあります。そのような状態に対して地域全体で支えていくことによって、子どもたちの自立促進につなげていこう、というのが2015（平成27）年度より開始された**小児慢性特定疾病児童等自立支援事業**です。設置主体は都道府県、指定都市、中核市・児童相談所設置市となっています。

　必須事業としては、自立に向けた相談支援や療育相談指導、同じような経験をした家族等によるピアカウンセリング等を行う相談支援事業と、関係機関との連絡・調整や子どもの状況に合わせてどのような支援を活用するのかを提案する小児慢性特定疾病児童自立支援員の配置があります。そのほか、努力義務事業として地域のニーズ把握等を行う実態把握事業やレスパイト等を行う療養生活支援事業、子どもたち同士が交流できる場の提供（相互交流支援事業）などがあります。

ニーズを伝え、より事業の拡大を

　また、そのほかにも地域の関係者が地域の現状と課題、地域資源の把握や課題の明確化、支援内容等を協議するための場として、**慢性疾病児童等地域支援協議会**があります。これは障害者総合支援法における協議会の役割を果たす機関といえますが、2021（令和3）年度の厚生労働省の調査によれば、設置している自治体は、全体の約半数程度となっています。ほかの事業についても同調査結果によれば約45％と、必須事業に比べて実施割合は低い状態です。法改正により、地域支援協議会が法定化、難病対策地域協議会との連携が努力義務化されることになりました。これにより**ニーズ把握をさらに進め、より暮らしやすい社会に変えていく**ことが求められるといえます。

自立支援事業と協議会 図

小児慢性特定疾病児童等自立支援事業の内容

療養生活支援

例）レスパイト

小児慢性特定疾病児童等自立支援員

相談支援事業

その他の自立支援事業

例）学習支援

相互交流支援

例）患児同士の交流会

就職支援

例）就労体験

実態把握事業

例）ニーズ把握
　　課題分析

介護者支援

例）きょうだい支援

慢性疾病児童等地域支援協議会運営事業のイメージ

都道府県・指定都市・中核市・児童相談所設置市

〈協議会の機能〉
○地域の現状と課題の把握
○地域資源の把握
○課題の明確化
○支援内容の検討

教育機関・就労支援機関

専門医療機関

市町村
保健・福祉部局

保健所

NPO・ボランティア

事業主

患者会・家族会

自立支援員

・自立に向けた個別支援計画の作成
・資格取得支援等

10

成人になった際の負担軽減制度

難病法の制度に移行できる場合

　小児慢性特定疾病医療費助成制度を利用できるのは、原則18歳までですが、その後も引き続き医療が必要と判断された場合は20歳まで利用することができます。では、その後はどうなるのでしょうか。当然小児の枠から外れるわけですから、再延長をすることはできません。そのため、今の疾患が難病法に指定されているものならば、20歳までの延長期間の間に**指定難病医療費助成制度**へ切り替える準備を進めましょう。

　金額としては、小児慢性特定疾病医療費助成制度と比べると、患者負担が2割なのは変わりませんが、上限額が2倍となります。それでも通常の医療費に比べれば負担は大きく軽減できるでしょう。また、ここでいう所得による区分は住民票上の世帯ではなく、**医療保険上の世帯**で考えるため、例えば、両親と本人の医療保険が別々の場合は、本人の所得のみで考えます。

その他の負担額軽減制度

　しかし、難病法に基づく指定難病は338疾患（2021（令和3）年11月現在）で、小児慢性特定疾病にも指定されているものは約半数です。該当しなかった場合は、通常の医療費がかかることになりますが、その場合は**高額療養費制度**の利用を検討してみましょう。高額療養費制度は一月の間に決められた医療費の上限額を超えた場合に、超えた分が支給される制度です。1人だけでは超えない場合でも、世帯で超える場合に支給される「世帯合算」や、年間3回以上高額療養費制度を利用した場合に上限額を下げる「多数回該当」制度があります。子どもの疾患が難病法に該当しているかどうか、また高額療養費制度の詳細については、病院の医療ソーシャルワーカーに相談してください。

成人向けの負担軽減制度 図

指定難病医療費助成における自己負担上限額

階層区分	階層区分の基準 （（　）内の数字は、夫婦２人世帯の場合における年収の目安）		自己負担上限額（外来＋入院）（患者負担割合：２割）		
			一般	高額かつ長期※	人工呼吸器等装着者
生活保護	——		0	0	0
低所得Ⅰ	市町村民税非課税（世帯）	本人年収～80万円	2500円	2500円	
低所得Ⅱ		本人年収80万円超～	5000円	5000円	
一般所得Ⅰ	市町村民税課税以上7万1000円未満（約160万円～約370万円）		1万円	5000円	1000円
一般所得Ⅱ	市町村民税7万1000円以上25万1000円未満（約370万円～約810万円）		2万円	1万円	
上位所得	市町村民税25万1000円以上（約810万円～）		3万円	2万円	
	入院時の食費			全額自己負担	

※ 「高額かつ長期」とは、月ごとの医療費総額が5万円を超える月が年間6回以上ある人（例えば医療保険の2割負担の場合、医療費の自己負担額が1万円を超える月が年間6回以上）

高額療養費の上限額（69歳以下の場合）

〈69歳以下の人の上限額〉

適用区分		ひと月の上限額（世帯ごと）
ア	年収約1160万円～ 健保：標準報酬月額83万円以上 国保：旧ただし書き所得901万円超	25万2600円＋（医療費－84万2000円）×1％
イ	年収約770～約1160万円 健保：標準報酬月額53万～79万円 国保：旧ただし書き所得600万～901万円	16万7400円＋（医療費－55万8000円）×1％
ウ	年収約370～約770万円 健保：標準報酬月額28万～50万円 国保：旧ただし書き所得210万～600万円	8万100円＋（医療費－26万7000円）×1％
エ	～年収約370万円 健保：標準報酬月額26万円以下 国保：旧ただし書き所得210万円以下	5万7600円
オ	住民税非課税者	3万5400円

一つの医療機関等での自己負担（院外処方代を含む）では上限額を超えないときでも、同じ月の別の医療機関等での自己負担（69歳以下の場合は2万1000円以上であることが必要）を合算することができる。この合算額が上限を超えれば、高額療養費の支給対象となる

10　成人になった際の負担軽減制度　　179

第4章 参考文献

- 厚生労働省(2021)「障害児通所支援の在り方に関する検討会報告書」
- 熊本県ホームページ「障がい児入所施設への契約入所制度」
  https://www.pref.kumamoto.jp/soshiki/28/393.html
- 厚生労働省「令和3年社会福祉施設等調査」
- 厚生労働省(2019)「就学前障害児の発達支援の無償化について」
- 日本小児内分泌学会(2007)「成長ホルモンの適正使用に関する見解」
- 日本小児科学会移行期の患者に関するワーキンググループ「小児期発症患者を有する患者の移行期医療に関する提言」日本小児科学会雑誌118(1):98-106,2014.
- 小児慢性特定疾病児童等自立支援事業　情報ポータル
  https://www.m.ehime-u.ac.jp/shouman/
- 厚生労働省(2023)「障害児通所給付費に係る通所給付決定事務等について」
- 厚生労働省(2023)「改正難病法及び改正児童福祉法の成立、施行について」
- 厚生労働省(2019)「難病対策及び小児慢性特定疾病対策の現状について」
- 小児慢性特定疾病情報センターホームページ
  https://www.shouman.jp/
- 厚生労働省(2023)「介護給付費等に係る支給決定事務等について(事務処理要領)」
- 厚生労働省(2023)「障害福祉サービス・障害児通所支援等の利用者負担認定の手引き」
- 厚生労働省(2022)「児童福祉法等の一部を改正する法律の概要」
- 厚生労働省(2023)「障害児通所支援に関する検討会報告書」

第 5 章

児童福祉サービスの実践事例

01

放課後等デイサービスの実践事例

子どもたちの可能性を
引き出し、伸ばす療育

1 施設の特徴

　2012（平成24）年4月1日、障害者自立支援法、児童福祉法等の一部改正により、どの障害のある児童も共通のサービスを利用できるように一元化されました。放課後等デイサービスとは、児童福祉法に基づき都道府県および市町村の事業指定を受けた事業者が、発達に関する障害のある子どももしくはその心配のある子どもたちを放課後や夏休み、冬休みなどの長期休暇期間に預かって、家族とともに一人ひとりの成長や発達についての支援を行う施設です。

　放課後等デイサービス「あさひKids倶楽部」は京都府京都市伏見区で、2016（平成28）年3月に開所しました。現在は、同じ伏見区内に2店舗展開しています。月曜日から土曜日までの週6日を開所日とし、学校期間中の放課後、祝日、長期休暇に児童を預かっています。1日の定員10名に対し、職員は6〜7名おり、児童発達支援管理責任者をはじめ、言語聴覚士、理学療法士、公認心理師、保育士、児童指導員等がいます。現在、小学1年生から高校3年生までの幅広い年齢の子どもたちが集い、放課後や長期休暇のひとときを過ごしています。障害の程度や種別にかかわらず、お互い助け合い、影響を与え合いながら、日々ともに成長しています。

　「あさひKids倶楽部」は、運営方針のなかで、子どもたちの笑顔に人として成長する何よりの力が秘められていると考え、子どもたちがさまざまな経験を通して、自然と笑顔

「あさひKids倶楽部」の外観

第1章 障害者を支援する際、まず知っておきたいこと

第2章 障害児・難病児に関する疾患・障害

第3章 障害児・難病児に関する法制度

第4章 障害児・難病児サービスの使い方

第5章 児童福祉サービスの実践事例

第6章 子どもと保護者への支援のあり方

がほころぶよう、そっと見守り、少しだけ手を差しのべて成長を育むこと、そして、お預かりする子どもたち一人ひとりの健康に留意し、障害の状況や発達段階を十分に把握した上で、その子の可能性を引き出し、伸ばしていけるように療育していくことを掲げ、日々の療育を提案し、子どもたちの成長を見守っています。

表1 日々のカリキュラム

月	聞くトレ
火	クラブ活動
水	クラブ活動
木	サーキットトレーニング
金	聞くトレ
土	レクリエーション・外出等

平日	土曜日・祝日・長期休暇
13：30　お迎え（学校） 15：00　おやつ 15：30　個別活動・自由時間 17：00　片付け・終わりの会 17：30　お送り	10：00　来所（家族によるお送り） 12：00　昼食 13：30　お迎え（自宅） 14：00　レクリエーションまたはお出かけ 15：00　おやつ 17：00　片付け・終わりの会

2　主な活動内容

　学校期間中（月～金曜日）の活動は、10分から30分の間で行われます。ここでは、実際に行っている活動について紹介したいと思います。

（1）聞くトレ

　一言で聞くと言っても、さまざまな聞く力があります。例えば、授業を聞いて板書を

することで言えば、板書をするためには、先生の話を聞きながら、大事なところをノートに書き写さなければなりません。しかし、黒板を写しているだけで、先生の話を聞いていなければ、どこが大事なのかはわかりません。聞くことと書くことの同時進行が必要なのです。また、相手と会話をするためには、相手の話を聞いて理解した上で、自分の話したいことを考えなければなりません。そこで当施設では、子どものレベルに合わせて、聞く力を高めるトレーニング「聞くトレ」を行っています。聞くトレは、10分程度の短い時間で集中して行います。聞く力を高めるために、時には、相手に伝えるトレーニングをすることもあります。時間割のメモの仕方を学んだり、話を聞いて職員からのクイズに答えたり、チームでさまざまな質問をして答えたりするなど、子どもに合わせて、その子どもに必要な聞く力・話す力を高めています。

（2）クラブ活動

クラブ活動では、2〜3種類の活動のなかから、自分が参加したい活動を選んで取り組んでいます。用意する活動は、工作や運動、ゲームなどさまざまです。子どもたちは、自分が選んだ活動に挑戦して、最後までやり遂げるという経験を積みます。また、それぞれの活動では、例えば、工作では手先の器用さを鍛え、ゲームではルールを守る大切さやみんなで遊ぶ楽しさを実感できるよう心がけながら、クラブ活動を行っています。

紙粘土でランチプレートをつくろう

母の日の制作

第
1
章
障害者を支援する際に
まず知っておきたいこと

第
2
章
障害児・難病児に
関する疾患・障害

第
3
章
障害児・難病児に
関する法制度

第
4
章
障害児・難病児
サービスの使い方

第
5
章
児童福祉サービスの
実践事例

第
6
章
子どもと保護者
への支援のあり方

（3）サーキットトレーニング

　ここでは、基礎体力、バランス力、体幹強化、複合運動、その他友達と協力すること等を目的に屋内または屋外で楽しく運動療育を行っています。内容としては、鬼ごっこやドッジボールなどルールを守りながらゲームとして楽しめる運動、タイムトライアルや点数をつけて友達同士で競い合う障害物競走などがあります。勝ち負けがあることで、悔しいという気持ちが芽生え、次の挑戦への士気が高まります。また、言われた数字を素早くタッチするビジョ

言われた数字を素早くタッチ
（ビジョントレーニング）

ントレーニングは、視覚情報を正しく認識し、それを自分の動きに反映させるトレーニングになります。なかには運動が苦手な子もいますが、みんなで楽しめる活動にしています。

（4）レクリエーション

　土曜日には、レクリエーションやお出かけをしています。外だからこそ得ることができる学びも少なくありません。公園では、自然に触れ、四季を体感します。科学館や博物館などの施設へのお出かけでは、自分たち以外にもお客さんがいることを理解し、ルールやマナーを守りながら見学しています。また、お出かけの際には、公共交通機関を使用することもあります。電車内でのマナーを守りつつ、電車の乗り方や時刻表の見方を学びます。

　特に土曜日は、生活で必要な力が身につくような活動を行っています。調理実習の際には、買い物をするところから始めます。必要な量を見極めて、「お金が足りるかな？」「どちらのほうがお得かな？」などと子どもたちだけで話し合って買うものを決

調理実習：顔つきホットケーキ
（子どもからのリクエスト）

調理実習：餃子を包んでみたい
（子どもからのリクエスト）

めてもらいます。買い物のなかでは、「こっちのほうがいいんじゃない？」とみんなで意見を言い合って結論を出すなど、集団で取り組む力も育んでいます。

（5）自由時間

　活動の前後の時間は自由時間として、みんな自由に好きな遊びをします。子どもの発想は無限の可能性を秘めています。例えば、一つの段ボールからさまざまな遊びに発展します。最初は一人が段ボールの中に入って、部屋の中を転がり回ります。すると周りにいた子どもたちは歓声を上げながら、逃げたり、段ボールに入った子どもを転がし始めたりします。しばらく遊んでいると、段ボールが柔らかくなって破れてしまいますが、次は、その段ボールを破って大きな一枚の絨毯のように広げました。そこから、今度はピクニックごっこが始まります。この日は、一つの段ボールを使った遊びで自由時間が過ぎていきました。

　このようにただの廃材に見えても、子どもたちの手にかかれば、無限の遊び道具となります。「あさひKids倶楽部」では、常に子どもたちが自由に使える廃材（段ボールや牛乳パック、トイレットペーパーの芯など）を用意しています。いつでも子どもたちの「やりたい」という気持ちに寄り添える環境づくりを目指しています。

3　子どもたち全員にとって「居場所」となるように

　「あさひKids倶楽部」には、特別支援学校に通う子、地域の学校の育成学級に通う子、普通学級に通う子が集まり、それぞれに、言葉で伝えることが苦手、相手の気持ちを考えることが苦手、注意散漫などさまざまな一面をもっています。

　特にコミュニケーションを苦手とする子どもが多く、なかには学校の同年代とは話が合わず、クラスで孤立していると自分自身で感じている子どももいます。自分の話が中心になり、相手の状況は特に気にしていないといった様子です。ここには自分の話したい話を聞いてくれる職員がいますが、もちろん自分の話ばかりでは、他人とのコミュニケーションは上手く築けるようにはなりません。そのため適宜、本人が苦痛に感じないように質問を交え、会話のキャッチボールが成り立つはたらきかけをしたり、聞き手の状況を説明して、今は自分の話を話せるかどうか考えてもらう時間を設けたりします。このようなかかわりを通して、少しずつ、相手の様子を見ながら、会話ができるような

支援をしています。

「あさひ Kids 倶楽部」が、来所する子どもたち全員にとって、安心して素の自分でいられる「自分の居場所」になってほしいと考えています。発達障害のある子どもたちは、周りからは苦手なことばかりに目を向けられがちで、自己肯定感が低い子どもが多いです。しかし、このような面は子どもたちの一面にしかすぎません。子どもたちはもっとたくさ

自分の気持ちを考える絵カード

んの力や得意なことをもっています。子どもたちのすべてを受け入れ、認めることが大切です。子どもたちの行動の奥に秘めている思いを見極め、苦手なところをカバーしつつ、得意なところを伸ばしていくことが私たちの努めだと思います。

4 保護者とともに発達を見守る

子どもの発達段階に合わせた適切な支援を行うためには、家族（保護者）との信頼関係も必要不可欠です。そのため、当施設では年2回程度保護者会を開催しています。子どもがいない場で保護者に集まってもらい、寄せられたさまざまなテーマのもと、保護者と職員が一緒のグループになって、保護者同士お互いに相談したり、悩みについて職員が話を聞くといった場を設けています。ある日の保護者会では、子どもへの障害告知や子どもへの性教育についてのテーマが寄せられたのですが、どのテーマにも正解はありません。だからこそ、子どもだけではなく、日々悩みながら子育てをされている保護者にも寄り添い、ともに子どもの発達を見守るお手伝いができたらと思っています。

放課後等デイサービスには、それぞれの施設に運営方針があり、得意な療育分野があると思います。放課後等デイサービスの利用を検討される際には、一度見学をし、子どもにあった雰囲気の施設を見つけていただきたいです。私たち「あさひ Kids 倶楽部」では、どんな障害がある子どもでも、笑顔で過ごせるお手伝いをこれからも続けていきます。

02

児童発達支援センターの実践事例

子どもと歩む
スモールステップ

　児童発達支援センターは、特別な支援が必要な子どもに対し、基本的生活習慣（食事・排泄・着脱・衛生など）、社会性、コミュニケーション力を身につける支援を行う「児童発達支援」と、地域に住んでいる障害児や家族に対する相談支援や、地域の障害児施設等に対する助言等を行う「センター」の機能を有する、障害児支援の中核ともいえる施設です。今回は、私が勤務してきた経験をもとに創作した、利用定員30名の児童発達支援をもつ架空のセンターの実践から、児童発達支援センター、特に「児童発達支援」で行われている実践について、事例紹介したいと思います。

1 児童発達支援センターの業務内容

　月曜日から金曜日の週5日を登園日とし、通園バス2台で市内を回り、送迎を行っています。施設の中では、生活年齢を考慮しながら児童30名を四つのグループに分け、1グループ7〜8名に対し、保育士資格を有した職員2名が担任をし、臨時職員2名の介助の

表1 担任職員のある1日の流れ（例）

8：45	出勤・検温・事務仕事等
9：00	朝礼（出欠確認、申し送り、業務の確認）・療育活動の準備
9：30	通園バスが到着し、子どもたちの受け入れを行う（連絡帳のチェック・排泄支援・体調チェック）
10：00	自由遊びの見守り・体操の誘導
11：00	朝の会・グループごとに療育活動を行う
11：30	排泄支援・園庭遊びの見守り
12：15	食事介助
12：45	排泄支援・自由遊びの見守り・個別療育活動の準備・連絡帳の記入
13：30	ピックアップして個別の療育活動を行う
14：00	排泄支援・帰りの会を行う・子どもたちのバス乗車の誘導
14：30	通園バスに添乗する
15：30	休憩
16：15	事務仕事・会議・療育活動の準備
17：20	業務終了

もとで支援を行っています。

　主な職員の1日の仕事の流れは**表1**の通りです。

（1）療育内容について

　児童発達支援について、厚生労働省のガイドラインでは、「障害のある子どもに対し、身体的・精神的機能の適正な発達を促し、日常生活及び社会生活を円滑に営めるようにするために行う、それぞれの障害の特性に応じた福祉的、心理的、教育的及び医療的な援助である」と定義されています。取り組みとしては、主に基本的生活習慣（食事・排泄・着脱・衛生など）、社会性、コミュニケーション力を個々の力に合わせて育てる療育を実践しています。午前中の約30分間はグループでの療育活動の時間と設定し、運動・集団・机上・感覚を基盤として1か月分のカリキュラムを前月に作成しています。

　それぞれの活動内容とねらいは**表2**の通りです。

表2　療育内容とそのねらい

	内 容
運動	園庭の遊具や室内遊具（巧技台や平均台、トランポリンなど）を使って粗大運動を行うことで身体の使い方を知っていく
集団	簡単なルール性のある遊び（追いかけっこやペア遊びなど）を通して他者への興味関心を育てる
机上	微細運動（紐通しや制作など）に取り組み、手先が上手に使えるようになるとともに、就学へ向けていすに座って取り組むことを習慣化できるようにする
感覚	感触遊び（泥んこ、フィンガーペインティング、粉遊び、ふれあい遊びなど）でさまざまな触覚刺激を受け、皮膚感覚を調整することで触われるものを増やす。また、運動遊びと並行しながらバランス感覚など自身の身体をコントロールする力も培っていく

　カリキュラムは児童発達支援管理責任者が作成する個別支援計画（**表3**）を基に支援者間で会議をもって作成していますが、身体や言葉の発達においては専門的な知識をもつ療法士からの視点も取り入れるために、理学療法士（PT）、作業療法士（OT）、言語聴覚士（ST）、心理士（CP）などの各種療法士も会議に参加し、個々の発達課題に応じた内容を細かくコンセンサスを図っています。

　このようにさまざまな視点から子どもの状態をチームで考えることが、よりよい療育内容の提供につながると考えています。

第1章　障害者を支援する際、まず知っておきたいこと

第2章　障害児・難病児に関する疾患・障害

第3章　障害児・難病児に関する法制度

第4章　障害児・難病児サービスの使い方

第5章　児童福祉サービスの実践事例

第6章　子どもと保護者への支援のあり方

表3 個別支援計画例

	作成日	令和 ●年 ■月 ▲日
	事業所名	

個別支援計画書

児童氏名　　□□△△　　様

【到達目標】

長期目標	あそびの中で必要なことばが使えるようになる
短期目標	他児と物の貸し借りができるようになる

【具体的な支援目標及び支援計画】

優先順位	項目	具体的な支援目標	支援内容
1	社会性	玩具の貸し借りや共有ができるようになる	・「はんぶんこ」や「いっしょに」など他児と物を共有する場面を活動や自由あそびの中で取り入れます。職員が双方の気持ちを代弁しながらやりとりを促すことで他者の気持ちを少しずつ知っていけるよう支援します。
2	運動	ボディイメージの形成運動感覚機能の向上	・歩行訓練や粗大運動を行う中で身体の使い方を知っていけるようにします。また、あそびの中に眼球運動運動を取り入れます。体の各部を動かすことで入力部分を整え、運動感覚機能のコントロールへとつなげていきます。
3	生活面	一人で下衣を脱げるようになる	・排泄後、本児に小さないすに座ってもらい、本児の前に向きを揃えて下衣を置きます。難しい所は手を添えたり声をかけたりしながら手伝い、少しずつ一人でできるように促していきます。
4	地域連携	一貫した支援の提供	・関係者や機関と連携することで、本児のニーズに対し必要で質の高い支援を行えるようにします。
5	相談援助	保護者に対する支援の提供	・必要に応じて相談援助を行います。

【確認事項】

・緊急やむを得ない場合、身体の危険が想定される場合等には、児童の行動を制限する措置を行うことがあります。

上記の計画について説明を受け、内容に同意しました。

令和　　年　　月　　日　　利用者署名または代理者署名　　　　　　　　印　続柄（　　）　児童発達支援管理責任者　○○××　印

2 チームで支え合う〜実践事例〜

（1）支援者間の意思疎通と共通理解

【ストレングスの視点】

　アキラ君は給食のおかずには目もくれず、毎日白米しか食べませんでした。また自宅でも白米と限られたお菓子しか食べない日が続いていました。

　支援者間で会議を重ねるなかでアキラ君の好きなものに着目してみると、消防車、郵便車、特定の服へのこだわりも見られ、探っていくと赤色が好きなのでは？　という意見が出ました。そこである日の給食で出た唐揚げに "赤" に関連付け、ケチャップをかけてみると、じっと唐揚げを見つめ、手を伸ばしました。そして唐揚げを完食することができたのです。それ以降、ケチャップの力を借りながら給食に手を伸ばすことができる日が増えていきました。

　ソーシャルワーク実践において「ストレングス視点」というアプローチがあります。「できないこと」ではなく「できること」に着目し、当人のもつ豊かさ、強みに焦点を当てて考える援助観ですが、今回の事例でも、日常の子どもの発言や行動をヒントにしながら支援者間で導き出すひらめき、アイデアが素晴らしい支援と結果をもたらしました。

　療育を行う上で、支援者同士がコミュニケーションをとることはとても大切です。「こんなことができるようになった」という子どもの育ちをともに喜んだり、「この場面で子どもへの対応はどうしたらよかったか」など、困ったときに相談し合えたり、情報を共有したりしながら "みんなで一緒に考える" という認識をもつことがよいチームづくりの鍵となります。

（2）専門職の力を借りる（多職種協働）

【指摘する前に考える】

　サトル君はどの場面においても正しい姿勢でいすに座り続けることが難しく、中盤から肘をつき、片足をいすの上にあげてしまいます。「行儀が悪い」「だらしない」などと指摘をされてしまいがちな行為ですが、実は腹筋力がないため、長時間姿勢を保つことができないからであり、どうにかしていすに座り続けようとサトル君が努力した結果です。腹筋力がないことに着目し、作業療法士（OT）と連携した支援を考えた結果、腹筋にかかる負荷を減らすために足を置く場所を高くする方法を考え、足置きを使用して

図1 連携のネットワーク

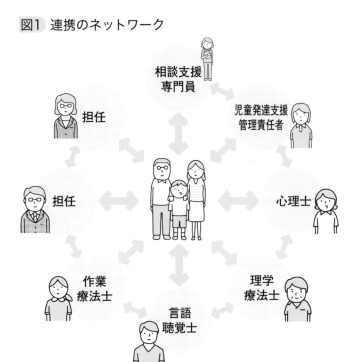

相談支援専門員

担任

児童発達支援管理責任者

担任

心理士

作業療法士

理学療法士

言語聴覚士

みることになりました。すると一定時間、正しい姿勢で座位保持できるようになり、机上活動に気持ちを向けて取り組む時間が増えました。

この事例にある「行儀が悪い」「だらしない」という見立ては、人体の構造に関する視点でのアセスメントがなされていないまま行われてしまったものといえるでしょう。子ども（人）の行動や言動には必ず理由があります。一見、よくない行動にとらえられてしまうことにも一つずつ理由を探っていくことが子どもの育ちにつながります。また、専門分野と協働することで、保育士や児童指導員の視点とは違う視点で療育を考えることができます。

3 積み重ねることの大切さ

（1）繰り返し行うことの意味

【繰り返しからの習得】

子どもと一緒に楽しく遊んだ後であるはずなのに、頭突きや蹴る、叩くなど、急に豹変し攻撃的になったように見えることがあります。しかしながら、子どもの気持ちを紐解くと、その行為に隠されている"先生、もう一回遊ぼう"という子どもの言葉が聞こえてきます。そこで私たちが行うことはその気持ちを受け止めつつ、正しい表現方法の習得へ導くことです。

楽しく遊んだ後、正しくない表現を行う前に子どもに人差し指を立てて見せ、「もう一回」と言いながら子どもの人差し指も立てる練習を繰り返し行います。数十回、数百

第
1
章

障害者を支援する際、
まず知っておきたいこと

第
2
章

障害児・難病児に
関する疾患・障害

第
3
章

障害児・難病児に
関する法制度

第
4
章

障害児・難病児
サービスの使い方

第
5
章

児童福祉サービスの
実践事例

第
6
章

子どもと保護者
への支援のあり方

回、月日をかけて繰り返し行うことで、やがて子どもが人差し指を立てて要求してくれる日がやってきます。

　チームで考えたプログラムを実際に子どもに提供する際、子どもの様子を見ながらプログラムに変化をつけ、長期的に繰り返し行います。療育の必要な子どもは、定型発達の子どもがスキル習得にかける時間より長い時間を要する場合がほとんどです。長い時間をかけてゆっくり身につくため、発達の道筋にズレが生じてきます。子どもたちは同じ内容を繰り返すことで少しずつ理解し、発達の課題を解決していきます。

（2）共感することで育つもの

　子どもは発達課題を達成するまでに、小さな課題をスモールステップで習得しています。その小さな達成に支援者が気づき、認め、子どもの気持ちに共感することが、発達障害のある子どもたちの内的世界で支配的な感覚や情緒を受け止めることになり、子どもの心の育ちに大きくつながっていきます。

4　地域で子どもを育てる

　私たち支援者は子どもの情報をより多く知り、支援へ活かすため、子どもとかかわりのある各種関係機関（保育所、幼稚園、他施設など）と情報共有しながら連携を図り、「地域で子どもを育てること」を大切にしています。どんな些細なことでも保護者の感じた悩みや疑問に対し、しっかりと向き合って一緒に考え、解決していきたいと思っています。難しい問題は各種関係機関にも相談し、子どもを取り巻くすべての環境が一丸となって一人の子どもの育ちのお手伝いができることを願っています。

03

障害児入所施設の実践事例
入所児の将来を見据えた支援

1 施設の特徴

（1）施設種別

　「横浜医療福祉センター港南（以下、センター港南）」は、2016（平成28）年に横浜市港南区に開設した「重症心身障害児者施設」です。「利用者の笑顔を第一に」を掲げ、優しく安全で質の高い医療・福祉の提供を理念とし、障害者総合支援法による療養介護事業と児童福祉法による医療型障害児入所施設を運営しています。最寄り駅より徒歩10分圏内で、近隣には学校・公園・商業施設があり、地域社会との交流を大切にしています。

「横浜医療福祉センター港南」の外観

（2）重症心身障害児

　センター港南に入所する利用者は、重症心身障害児者が対象となります。重症心身障害児は大島分類1〜4の範囲で判定されていますが、センター港南には大島分類5〜9の「周辺児」も多く入所しています（➡P.49）。

　重症心身障害児の障害の要因や特徴はさまざまですが、痰の吸引や経管栄養等の医療ケアを必要としています。また言語によるコミュニケーションが難しいため、支援者は表情や身体的な変化を細やかに観察し、意思の汲み取りを心がけています。センター港南では、生活支援員・看護師・医師・理学療法士（PT）・作業療法士（OT）・言語聴覚

士（ST）・臨床心理士等が連携し、重症心身障害児の支援を行っています。

図1　重症心身障害児の特徴と支援アプローチ

健康	・70％以上の方にてんかんがある ・呼吸器合併症を起こしやすい 　→医師・看護師等の介入	コミュニケーション	・言葉による意思伝達が難しい ・表出する力が弱い 　→意思表示の困難さに配慮し、 　　小さなサインを読み取る
姿勢・移動	・ほぼ寝た状態で起き上がりは難しい ・自力での移動が難しい 　→個別性に合った車いすやベッドの使用	経験値	・生活のなかで制約が多く、経験を積み重ねることが難しい 　→学校・地域交流・日中活動等の 　　体験的な活動の提供
変形・拘縮 筋緊張	・手足、胸郭・背骨等の変形や拘縮 ・筋緊張により思いどおりに動かせない 　→安楽なポジショニングや装具の使用	発達	・経験を積み重ねることで「できること」が増える 　→興味・関心を広げる経験や 　　同世代とのかかわり
医療ケア	・気管切開や呼吸器を使用する ・胃ろう・経鼻経管の栄養管理がある 　→適切な医療ケアによる健康状態の維持		

2　重症心身障害児への支援

（1）生活支援員の役割

　人を支える専門職として、最も大切なのは「信頼関係」を築くことであり、そこから個別性に応じた支援が始まります。

① 子どもたちの発達段階や障害特性をよく理解し、個人として尊重され、できる限り自分自身の意思で、自身の生活をコントロールできるよう支援を行います。

② 「児童期（18歳未満）」「成人期（18〜64歳）」「高齢期（65歳以上）」と本人のライフステージに沿った、継続性・一貫性のある意思決定支援に配慮した個別支援計画の立案・実施・評価を行いま

図2　生活支援員の役割

①尊厳と自立を支えるケア	②ライフステージに応じた個別支援計画の立案・実施・評価
信頼関係	
④本人・家族の相談	③地域や社会資源を活用した支援

第1章　障害者を支援する際、まず知っておきたいこと

第2章　障害児・難病児に関する疾患・障害

第3章　障害児・難病児に関する法制度

第4章　障害児・難病児サービスの使い方

第5章　児童福祉サービスの実践事例

第6章　子どもと保護者への支援のあり方

す。例えば、子どもが成人期へ移行する際、大人としてふさわしい環境の提供が必要となります。その際、幼児期の頃から5年後、10年後の姿を思い描き、そこに向けてのイメージづくりや関係機関と連携し、必要な支援を行います。

③　地域で暮らす同年代と活動する機会を確保することは、地域の一員としてお互いの存在を認識し合う機会となり、施設内だけではできない貴重な経験や体験の場となります。

④　家族のこれまでの経過や思いの受け止めを行い、子どもにとっての最善の決定や親子の関係性・きょうだい支援について一緒に考えていきます。

表1　生活支援員のある1日の流れ

8:30	日勤者業務開始・情報収集・一日の予定確認
9:00	夜勤者退勤
9:30	分教室への通学支援
11:30	食事ケア（昼食）
14:30	分教室へ児童のお迎え・入浴ケア
15:30	記録
16:30	夜勤者出勤
17:30	食事ケア（夕食）
20:00	内服・水分補給ケア
22:00	休憩と仮眠 ＊1時間ごとにラウンド
7:15	食事ケア（朝食）

（2）利用者の生活
①ユニットケア環境

　センター港南は、家庭のような環境で暮らせるよう、小規模単位の環境を提供しています。また、年齢に応じた暮らしの実現に向け、成人と小児のユニットを分けています。

成人ユニット：2ユニット（1ユニット12名×2）、小児ユニット：1ユニット（8名×1）の計3ユニットで構成されています。小規模単位の生活環境を提供することで、子どもの生活に目が届きやすく、個別の状況に合わせた対応が可能となります。また、「常に見てくれている」という特別感や安心感を得る体験を繰り返すことで、信頼関係・愛着関係を形成しやすくなります。このような環境が、子どもたちの心身機

図3　ユニットケアのイメージ

能の発達に大きく影響していると感じています。また、小児ユニットでは、四季折々の活動を企画し、子ども一人ひとりの成長に応じた参加の工夫を行い、積極的に季節行事を取り入れています。さまざまな経験や体験を繰り返すことで、「できる」ことが増え、仲間とのかかわりにより、意欲的な活動を育み、心身の発達を促す効果が期待できます。

表2 ユニット活動・季節行事

日程	活　動
7月	七夕まつり
8月	プール・水遊び・植物栽培
10月	ハロウィンパーティー
12月	クリスマス会
2月	バレンタイン

②港南分教室

　センター港南に入所している学齢児のために、横浜市立中村特別支援学校の分教室として「港南分教室」を2016（平成28）年6月に開級しました。児童一人ひとりの教育支援計画や指導計画を基に「音楽」や「体育」等のほか、校外活動の「遠足」や「修学旅行」など年間を通じてさまざまな活動を行っています。児童生徒がもつ興味関心や得意なこと、他者に伝えたいという思いや身体の動きを活かして主体的に取り組める工夫を行い、児童生徒一人ひとりが自分の感性や方法で生き生きと授業を受けています。

生徒たちが制作した絵画の掲示（分教室出入口）

3　関係機関との連携

（1）児童相談所

　医療型障害児入所施設のもつ役割として、①「良好な家庭的環境のもと、子どもの成長を促す発達支援機能」、②「地域社会で生活する力を育む自立支援機能」、③「家族や関係機関が子どもの成長を共有する社会的養護機能」、④「子どもの成長を保障し、家族が安心して生活を送る地域支援機能」があります。こうした機能を強化するためには、関係機関との連携が不可欠です。入所する児童の調整は、市内の児童相談所が児童または家族のニーズを把握し、当施設への入所決定を行います。入所理由はさまざまですが、

第1章　障害者を支援する際、まず知っておきたいこと
第2章　障害児・難病児に関する疾患・障害
第3章　障害児・難病児に関する法制度
第4章　障害児・難病児サービスの使い方
第5章　児童福祉サービスの実践事例
第6章　子どもと保護者への支援のあり方

子どもの生活設計や成長をどのように支えていくかを視点に児童発達支援管理責任者が「個別支援計画書」を作成しています。計画作成には、児童相談所等の関係機関や各専門職（生活支援員・看護師・医師・リハビリ職）が連携し、子どもと家族に「どこでどのような生活を送りたいか」といった進路選択や家庭復帰等の意向を確認しています。

日中活動室（スヌーズレン室）

（2）その他

児童または家族が抱える問題や悩みを多方面からサポートするために、児童相談所や学校に加え、居住区の障害・高齢支援担当と連携しています。18歳を過ぎると利用するサービスの切り替えが必要になります。成人への移行時は「障害支援区分」の認定を受け、計画相談事業所等と契約を行います。児童期の援助方針を基に、成人後どの

日中活動室（季節の装飾）

ような生活を送りたいか、必要なサービスの利用や計画作成を相談支援専門員が行います。センター港南内には、「療養介護（成人期への移行）」のサービスがあり、主な活動先となる「日中活動室」ではさまざまな活動に参加することができます。

4　入所児の将来展望を見据えた支援

重い障害のある児童は、ライフステージの切り替わるタイミングなど、環境が大きく変わる手前で本人の状態像や意向を確認しておくことが重要となります。子どもたちは、高等部卒業後、障害者総合支援法に基づいた支援を受けることになり、この時期が一番の変革期にあたります。一人の大人として個を尊重され、暮らし方を選択できることや社会参加の機会が確保されること（障害者総合支援法「基本理念」より）が一人ひとり

に与えられています。しかし、入所している障害の重い子どもたちは、自身の暮らし方や活動など選択できる範囲は、ごく僅かという制限に加え、明確な意思を伝えることや意思を理解してもらうことはとても難しい課題です。

しかし、本人の生き方は、本人の意思が反映されたものでなければ意味がありません。入所という、ごく僅かな選択肢であっても、本人が選択できる環境や機会を設定し、幼児期の頃から本人の意思を汲み取るため、意思決定支援を行う必要があります。

幼児期の頃から、適切な環境で障害特性に配慮した、子どもたちが理解できるような情報提供（意思形成）を行うことで、子どもたちは、その意図を汲み取り、少しずつ意思を表現（意思表出）してくれるようになります。そして、この意思形成や意思表出の支援を幼児期から積み重ねることで、成人となった際に、本人の望む暮らしの実現（意思実現）へつながっていくといえます（**図4**）。

入所児童も在宅児童と同じように各ライフステージを福祉、医療、教育等の関係機関と連携を図りながら、本人主体で協議できる体制とライフステージを見据えた生涯を視野に入れた支援が必要だと感じています。

図4 意思決定支援のプロセス

意思形成	意思表出	意思実現
・意思やサインに気づくための工夫 ・わかりやすいコミュニケーション方法の検討 ・社会的関心を通じた興味・関心の拡充 ・支援チームの情報共有	・意思表出を受け止める支援者の姿勢 ・安心して意思表出できる環境への配慮 ・感情表現への気づき ・意思表出方法の確認	・人間関係と社会的活動の範囲の拡大 ・興味・関心を広げるための支援 ・新たな挑戦への配慮とフィードバック

児童養護施設の実践事例

「入所から退所後まで」切れ目のない支援を目指して

1 施設の特徴

(1) 高知県福祉事業財団 児童養護施設「子供の家」の特徴

　児童養護施設とは、さまざまな事情により家庭で生活できない概ね2歳から18歳までの児童が公の責任のもと生活をする児童福祉施設になります。児童の入所理由は、保護者がいない場合、保護者の養育能力の問題や健康上の課題、虐待、児童の問題など多岐に渡ります。

　児童養護施設は、一つの大舎で20人以上が生活を送る大舎性という形態が主流でした。しかし、当施設では入所児童が家庭的な生活が送ることができるように、可能な限り一つのホームで6名程度の小学生〜専門学校生が暮らす小規模グループケア運営※を行っています（A・B・C・D・Eユニットというホームと、幼児ブロックがあります）。

　小規模グループケアの特徴として一つのホームに台所やお風呂場、トイレ、個室が整備されていることで、家庭に近い環境で生活が可能になっていることが挙げられます。

※就学前の児童については同年代で一つのホームとして運営

(2) 施設の強み

　入所児童のなかには知的障害や発達障害を抱える児童や、虐待や愛着不足によって学校や施設で問題を起こしてしまう児童も少なくありません。そのため当施設は心理療法担当職員・家庭支援専門相談員・自立支援担当職員・個別対応職員・里親支援専門相談員・

「子供の家」の外観

看護師などの専門職を配置し、虐待で入所した児童や発達障害などの児童に対し専門的な養育を行っています。また18歳以降の成人を迎えた者に対して、必要に応じて各種制度を活用し継続した支援を実施しています。

2 入所児童への支援

(1) 職員の業務内容

職員は固定されたホームの担当となり、調理や掃除などの家事や学習支援を行いながら、多くの時間を児童と一緒に過ごします（22時〜7時は職員4名の宿直体制）。

業務内容を見ると「"家事"をしたり、子どもと一緒に"遊ぶ"

表1 職員の1日の流れ（例）

7：00〜	出勤（朝食準備・児童の起床の促し・一緒に朝食を摂る）
8：00〜	学校への送り出し・ホームの清掃
9：00〜	全体引き継ぎ・事務作業
10：00〜16：00	休憩時間
16：00〜	下校後の宿題対応
17：00〜	入浴補助・夕食準備
18：00〜	一緒に夕食を摂る
19：00〜	余暇時間を児童と過ごす
20：30〜	寝かしつけ
21：00〜	退勤

職員の勤務時間
① 7時〜16時
② 13時〜22時
③ 7時〜10時　休憩 16時〜21時
④ 13時〜22時〜宿直〜翌日6時〜15時

第1章 障害者を支援する際、まず知っておきたいこと

第2章 障害児・難病児に関する疾患・障害

第3章 障害児・難病児に関する法制度

第4章 障害児・難病児サービスの使い方

第5章 児童福祉サービスの実践事例

第6章 子どもと保護者への支援のあり方

仕事なのか」といった印象をもたれる人もいるかもいれませんが、実際に児童と過ごすと、登校や食事の拒否、他児童とのトラブル、夜間眠れない、深夜徘徊や万引きなどの問題が起きることも少なくありません。

3 さまざまな課題を抱える児童について

（1）愛着障害と虐待の再現傾向

　入所している児童は、両親と愛着形成が不十分な状態や、虐待が原因で入所してくることが多々あります。

【愛着形成が不十分だった場合、現れる主な症状】

　　①対人交流の乏しさ

　　②情緒的な不安定さや落ち着きのなさ

　　③他者への攻撃性

　日常生活の些細なことがきっかけで他者とトラブルになってしまうことや、気持ちや行動の切り替えが苦手で人や物に当たってしまいます。このような場合の多くは自分が困っていることに気づいていても言葉にすることができず、そのモヤモヤからさらに問題行動を引き起こしてしまうことがあります。

　これらの特性はADHDや自閉スペクトラム症の特性と似通っている場合も多く、病院を受診しても判断が難しくなってきます。

【虐待の再現傾向について】

　幼少期から殴る蹴るなどの身体的虐待を受けていることが日常化していた場合、「殴られる、蹴られる」という行為が養育者との関係性と認識してしまいます。施設に入所した場合、当然ですが養育者から殴られることはありません。今までは養育者から殴られるという行為が関係性の一つになっていた児童にとって「殴られない」という行為は不安感につながります。その不安感を解消するため、あるいは養育者である職員の気を引くため、職員とのかかわりを求めてわざと殴られる原因をつくってしまいます。養育者が変わっても別の養育者から虐待を引き起こすような行動をとってしまうことを、虐待の再現傾向と呼びます。

第
1
章

障害者を支援する際、
まず知っておきたいこと

第
2
章

障害児・難病児に
関する疾患・障害

第
3
章

障害児・難病児に
関する法制度

第
4
章

障害児・難病児
サービスの使い方

第
5
章

児童福祉サービスの
実践事例

第
6
章

子どもと保護者
への支援のあり方

（2）実際の生活場面で行う支援

　例えば、「集中して宿題に取り組めない」という課題があったとしても、児童によって、その支援方法は異なってきます。

表2　課題別の支援方法

ADHD や自閉スペクトラム症などの発達障害の場合
- 1人で集中して勉強に取り組める環境整備をする
- 遊び道具などを視界に入る場所に置かない
- 多動性や衝動性を緩和する服薬治療

愛着形成に課題がある場合
- 課題に取り組もうとする姿をほめる
- 勉強を教えるのではなく、静かに横で見守る
- 悪いことをしなくても「自分を見てくれている」という安心感をもってもらう

　発達障害の児童は、視界に入る情報や聞こえてくる音が気になり、集中できずイライラが募って宿題が進まなくなることがあります。そのようなときには環境整備を行います。また服薬による治療は、眠気を催させ落ち着かせるわけではなく、脳内の神経伝達物質のバランスを整え、多動性や衝動性などの症状緩和に有効な支援方法です。

　愛着形成に課題がある児童に対しては、できている所をほめることや認めること、職員がそばにいることで安心してもらえるよう支援を行います。

　しかしながら、すべての児童に有効な支援方法などはありません。発達障害でもあり愛着に課題を抱えた児童もいます。特に愛着形成に課題を抱えた児童について、支援の効果が短期間で現れることはまずあり得ません。日常のなかで、楽しい時間や苦しい時間を共有しながら、時間をかけて心の隙間を埋めていくことが大切になってきます。

（3）生い立ちの整理について

　思春期になり「自分の生い立ちをしっかり理解したい」と職員に相談をしてくる児童がいます。「なぜ自分は施設で生活をしているのだろうか」「自分が悪いことをしたせいで両親と生活することができないのか」といった疑問を抱えたまま生活していれば、将

来を見据え自立について考えることは困難です。

　また、万引きや不登校などの不適応行動の原因として、自身の入所理由を整理できていないことが理由として考えられる場合もあります。そのため児童の発達段階に応じて自身の出生や生い立ち、家族の状況について適切に伝えることが必要です。入所理由について整理をするときは、施設心理士・児童相談所職員・保護者と確認しながら進めていきますが、時に児童が混乱してしまうこともあります。その混乱した状況でも職員が児童の抱えている思いに寄り添いながら、時間をかけて整理できるよう取り組まなければなりません。

❹ 措置解除後の支援～社会的養護自立支援事業の活用

（1）支援制度の変化

　児童養護施設の入所児童は、20歳になると行政上の決定である措置期間が終了するため、以前は入所者と施設の私的な契約といった形式を用いて施設で生活をすることがありました。しかし、2017（平成29）年から社会的養護自立支援事業が実施され、措置解除後も原則22歳の年度末までの期間、入所者に対して公的に支援を行うことが可能になりました（現在は年齢制限が撤廃）。この事業が実施された背景には、児童養護施設出身者の大学進学率の低さや、高校卒業後も支援の必要な者に対しての支援方法が限定的であったことが挙げられます。社会的養護自立支援事業利用者に支援を行う上で、利用者には成人としての自覚をもってもらう必要があります。一人でできることと、職員がすべき支援内容について選定をすることが大切です。

　また、この事業では、利用者が一人暮らしをしながらでも支援を受けられるため、生活費の支給や精神科等の病院受診の同行、各種相談支援も施設で生活しているときと同じように支援を行うことが可能です。

（2）高校卒業後に発達障害と診断された入所者のケースから

　このケースの入所者は、専門学校に進学したものの勉強や課題についていけず、留年を検討せざるを得なくなったことで、病院を受診し発達障害と診断されました。

　このケースでは、専門学校継続が難しく今後の支援の見通しがついていなかったこと、20歳直前に診断が下りたことで本人の障害理解に時間がかかることもあり、社会

的養護自立支援事業を活用し、20歳以降も継続して支援を行いました。

「高校卒業までは皆と同じように生活をしていたのに、勉強についていけなくなって病院に行ったら発達障害と診断された」という本人の認識もあり、定期的な医者とのカウンセリングや服薬治療、時間をかけて職員と個別面接を行いながら、障害理解を進めました。

その後、一定の障害理解が進んだところで就職活動を行い、現在は一般就労をしながら一人暮らしを送ることができています。

このようにうまくいくケースだけではなく、一人暮らしをするなかで、不必要な契約をしてしまう、部屋がゴミで溢れてしまうなどといったさまざまな生活上の困難を抱えてしまうケースもあります。そのようなケースの場合、関係各所による連携の強化やタイムリーな支援が求められます。

5 おわりに

冒頭にも書きましたが、児童養護施設に入所している児童は、入所理由が複雑なこともあり、生活のしづらさを抱えている児童が多いことは事実です。しかし、決して児童に悪気があって問題を起こしているわけではありません。家庭で生活している児童でも、施設に入所している児童でも、障害のある児童でも、その子なりの精一杯を生きていることに変わりはありません。

本書を読む人のなかには、障害児支援に興味をもち支援者を目指す学生や、今まさに障害福祉サービスの支援者として働く人もいるかと思います。本稿がそうした皆さまの一助となれば幸いです。

第1章 障害者を支援する際、まず知っておきたいこと

第2章 障害児・難病児に関する疾患・障害

第3章 障害児・難病児に関する法制度

第4章 障害児・難病児サービスの使い方

第5章 児童福祉サービスの実践事例

第6章 子どもと保護者への支援のあり方

05

児童相談所の実践事例

さまざまな専門性や機能を活かして児童の福祉を実現する

1 児童相談所の機能

　児童相談所（以下、「児相」という）は児童福祉法の規定により、各都道府県、政令市および一部の中核市に設置されている公的な相談機関で、0歳から18歳未満の児童に関するさまざまな相談を受け付けます。「児相＝児童虐待対応」と考えられがちですが、扱う内容は、「養護相談（児童虐待を含む）」「障害相談」「保健相談」「非行相談」「育成相談」など多岐にわたります（**表1**）。

　業務内容は、「児童の福祉」を守るため、「相談」を受ける機能と併せて、「一時保護」「措置」「市町村支援」という四つの機能があることが特徴です。

　「一時保護機能」は、児相長の判断により保護者から児童を預かり、一時保護所などで生活をさせる行政行為です。一時保護は多くの場合、保護者と児童の合意を得て行われます。しかし、保護者から児童への虐待がひどく、在宅生活が不適当と判断される場合などは、保護者の意向に反してでも一時保護の実施が可能ですが、2025年以降は家庭裁判所の司法審査を経ることが必要になると考えられます。

　「措置機能」は児相長の判断により、施設などへの入所が適当と考えられる児童を児童福祉施設に入所させたり、里親に子どもの養育を委託したり、また児相への定期的な通所を指示する機能です。

　「市町村支援機能」は、市町村に対して、児相が蓄積している専門的情報を提供したり、市町村の子育て相談業務をサポートする機能です。

表1　児童相談所における相談種別と相談内容

養護相談	虐待相談	身体的虐待、性的虐待など
	その他	保護者のいない場合、遺棄児童、両親が離婚の場合、保護者の疾病など
保健相談		虚弱児、内部機能障害、その他疾患のある児童
障害相談		運動面の遅れ、言葉の遅れ、発達の遅れ、福祉施策（制度）の利用など
非行相談	虞犯相談	家出、飲酒、喫煙等、問題行動のある児童
	触法相談	万引き、傷害事件等、問題行動のある（警察署から通告のあった）児童
育成相談		性格や行動面での問題、友だちと遊べない、落ち着きがない、不登校など

2　児童相談所の職員と業務

　児相には児童福祉司、児童心理司、保健師、保育士、児童指導員、弁護士、医師、事務職員、児童虐待対応協力員らが配置され、組織的に業務を進めます。

　児童福祉司は児童とその家族の問題解決に向け、特に保護者との継続的な面接を行います。必要に応じて学校や警察、病院といった関係機関との協議・調整を行ったり、裁判所に提出する訴状を作成したりするなど、仕事は幅広いものとなっています。

　児童心理司は、心理検査や行動観察などにより、児童の心理状態などをアセスメントし、心理的課題を抱えた児童へ心理療法や心理教育などを行います。児童心理司は主に児童を担当しますが、親への面接や心理指導などを行うこともあります。

　保育士や児童指導員は、一時保護所内で児童らが安心して過ごせるよう、生活や学習の支援を行います。24時間交代制で児童をサポートするため、職員の負担は大きいものの、児童と密接にかかわるやりがいのある仕事です。

　また児相では、各職員が独自に業務を進めることはなく、チームや組織での対応が強調されます。保護児がいる場合、担当の児童福祉司が保護者との面接や関係機関との協議内容の情報を、児童心理司が児童の心理アセスメントの結果などを、児童指導員や保育士が一時保護所での児童の様子を、それぞれ情報共有しながら支援の方向性を検討します。その方針は所内の判定・援助方針会議での了承を経て、「児相の方針」となります。

第1章　障害者を支援する際、まず知っておきたいこと

第2章　障害児・難病児に関する疾患・障害

第3章　障害児・難病児に関する法制度

第4章　障害児・難病児サービスの使い方

第5章　児童福祉サービスの実践事例

第6章　子どもと保護者への支援のあり方

表2 職員のある1日の仕事のスケジュール(例)

	ベーシックなスケジュール	一時保護職員のスケジュール一例
8:30	出勤	出勤
8:50	朝礼	朝礼
9:00	来所相談・出張相談	保護所内対応（掃除・洗濯）
10:00		学習支援など
10:30		
11:00		
12:00	休憩	昼食サポート
13:00	来所相談・出張相談・会議など	創作活動などのサポート
14:00		
14:30		
15:00		おやつ
16:00		
17:00		
17:30	退庁	記録作成・夜勤職員への引き継ぎ
18:00		夕食サポート
19:00		入浴などのサポート
20:00		
20:30		
21:00		
22:00		児童の就寝サポート・記録

3 児童相談所における障害相談

　児相における障害相談の割合は34.8％程度で、児童虐待を含む養護相談（49.2％）に次ぐ件数です。以下で、児相が行う障害相談の具体的な支援業務の一部を紹介します。

（1）療育手帳の認定事務について

　療育手帳とは各都道府県、政令市が、児童に知的障害があることを認定し、発行する手帳です。児相では、手帳の発行に必要な発達検査を実施し、併せて保護者から児童の日常生活の様子を聴取します。その上で障害程度を決定し、手帳が発行されます。手帳の取得により、市区町村等が提供する障害福祉サービスが受けやすくなります。

（2）特別児童扶養手当・障害児福祉手当などの診断書作成

　これら手当を受給するためには、医師の診断書が必要となります。診断書には発達検査の結果（知能指数、または発達指数と障害程度）の記載が必要なため、発達検査の実施、および医師の診察と診断書作成が行われます。ただし、地域によっては、診断書作成を行っていない児相もあります。

（3）障害を疑う児童についての主体的な相談の受付

　わが子の発達障害や知的障害などを疑い、保護者が主体的に来所されたり、学校の先生から担当している児童の相談を受けることがあります。その際には、まず親子での来所を促し、児童福祉司が児童の日頃の様子、生育歴、困りごとなどを保護者から聴取します。児童心理司は児童に心理検査や行動観察を実施しながら、かれらの状態をアセスメントし、必要に応じて医師の診察につなげ、障害の有無を明確化します。その後、家庭や学校で生活に大きな問題が起きないよう、カウンセリングや心理療法、関係者へのアドバイスなどを実施することもあります。

（4）表面的な問題に隠れた障害への対応

　家族や関係者から、児童の障害の可能性に言及される場合ばかりではありません。

　一例として、母親が児童への体罰を繰り返した結果、虐待通告を受けて来所された母親がいました。母親に話を聞くと、児童が小さい頃から親の言うことを聞かず、すぐにかんしゃくを起こすため、非常に扱いにくい子どもだったようで、育て方がわからないとのことでした。実際に子どものアセスメント・診察をしてみるとその特徴が子育てをしにくくしており、診断の結果、発達障害の診断がつきました。

　このように養育の難しさが、結果として虐待につながる例も少なくありません。また保護者が障害特性を理解できず、ずれた対応に終始し、問題がこじれてしまう可能性もあります。このような場合は、精神科医や児童心理司による診断やアセスメントにより児童の障害特性を見極め、その後、問題行動と発達特性の課題を並行して取り扱うことになります。

4 児童相談所職員が気をつけている視点

(1) 問題の背景に虐待が潜んでいないか

　虐待を受けた児童と発達障害を抱える児童では、似た行動特徴を見せることがあります。よって児童の問題行動が発達的特徴による行動特徴なのか、虐待を受けたことによる影響としての反応特徴なのかを見極めることが重要となります。

　また知的障害のある児童の場合も同様に、対応の難しさを抱えていることも少なくありません。

　保護者は虐待行為を「しつけ」や、「仕方のないこと」として考え、虐待だとは考えていない場合も少なくありません。そのため保護者から、これまでの養育方法や児童の生育歴を丁寧に聞き取り、そのなかで虐待行為の有無を見極めることが児相の重要な視点といえるでしょう。

(2) 保護者に対する「児童の障害」の告知と家族全体への支援

　相談のなかで児童の障害が明らかとなった場合、それを保護者に伝える（告知）ことは問題解決にとても重要です。それまで障害を疑わなかった保護者のなかには、児童の問題が「自分の養育が原因ではなかった」と安堵する人もいます。しかし、多くの保護者にとって「わが子の障害告知」は非常につらく、今後の子育てや子どもの将来に不安を抱えることになります。保護者の複雑な気持ちに寄り添い、児童の障害への理解と受け止めができるよう、定期的に悩みを聞きながら、心理的なサポートを行います。

　とはいえ、児童の障害は保護者一人の悩みではなく、家族全体の悩みでもあります。家族みんなで協力し合えるよう、母親だけではなく、時には父親、祖父母、そしてきょうだいに対して話をすることもあります。また、より身近にあって相談のしやすい機関を紹介したり、障害福祉サービスの制度に関する情報を提供したりもします。最終的には周りのサポートを受けながらも、家族全員が力をつけ、自分たちで課題の解決ができるよう支援します。

(3) 関係者の理解を得る

　障害は見た目にわかるものばかりではなく、障害特性の強弱も人それぞれであり、周囲には理解しづらいため、児童の障害特性や支援策について関係者に理解してもらうこ

とは重要です。

　学校や市町村の子育て相談窓口では対応できない困難な相談について、助言や支援を求められた場合は学校や市町村の具体的な対応方法や支援策について一緒に検討します。

　この作業は「他機関（他職種）連携」といわれ、児相の「市町村支援機能」の核となります。立場の違う複数の関係機関の異なった意見について、児童福祉の専門性を活かし、調整しながら具体的な対策にしていくことが主な業務です。児相のもつ固有の機能（一時保護や施設入所措置など）が解決の糸口になることもあるため、活用のしどころを考えて進めることになります。

5　児童相談所を積極的に活用してほしい

　児相は児童の障害に特化した相談機関ではありませんが、児童についての悩みごとであれば何でも相談を受け付けます。敷居が高いかもしれませんが、相談の際には地域により担当者を決めていることが多いため、事前にアポイントメントを取って相談に出かけてください。基本的には児相の面接室での相談となりますが、どうしても児相まで行けない場合は、近くの公的機関の部屋を借りて面接を行うことも十分に考えられますので、担当者に相談してみてください。

図1　児童相談所における大まかな相談の流れ

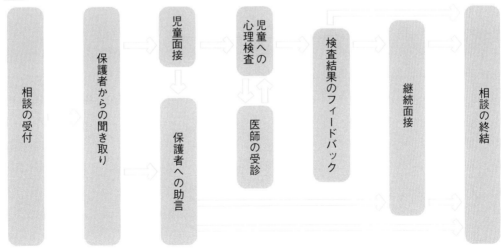

相談の受付　→　保護者からの聞き取り　→　児童面接　→　児童への心理検査　→　検査結果のフィードバック　→　継続面接　→　相談の終結

保護者への助言　医師の受診

06

特別支援学校の実践事例

社会へはばたくことを見据えた教育現場での取り組み

1 神戸大学附属特別支援学校の概要

わが国の障害児教育の歴史は浅く、1979（昭和54）年以前は知的障害の状態が重いと判断された児童生徒は就学猶予・免除の対象とされ、学校教育を受けることができませんでした。1960年代後半から70年代にかけて、就学猶予・免除の名目で教育を奪われてきた子どもたちの「学校へ行きたい、友だちがほしい」という声が全国から沸き起こっていました。「等しく教育を受ける権利に例外はあってはならない」「障害のある子どもたちの人格形成や発達を保障する」という考え方が広がり始め、養護学校入学希望者全入運動が巻き起こっている時期でもありました。そんななか、本校は1969（昭和44）年に知的障害のある子ども（当時は精神薄弱児）を

生活訓練棟

中庭

対象にした養護学校として創立しました。

　本校は神戸大学のキャンパスから遠く離れた明石市に位置しています。付近には石ヶ谷公園や明石サービスエリア、明石養護学校や障害者福祉施設等があります。近隣環境は豊かですが、交通の便が悪く、スクールバスが不可欠です。児童生徒数は小・中学部各18名、高等部24名の計60名定員の学校です。すべての教員が全校の児童生徒や保護者の顔がわかる小規模な特別支援学校で、学部を越えて子どもたち一人ひとりを温かく見守ることができ、豊かな人間関係が育まれています。

2　主な業務内容

(1) 子ども理解と教材づくり

　本校では、学校を教師と子どもが豊かな文化を創造する所ととらえており、人間がつくり出してきたさまざまな文化を教科という視点から切り取り、子どもたちの発達に応じて再構成し、授業を行っています。

　知的障害のある子どもたちのなかには、言葉をもたない子や、発した言葉とは違う思いを抱えた子がいます。興味関心の幅が狭く、繊細でなかなか心を開いてくれないことも多いです。そのため、教師はその子がどんな世界を見ているのか、その子の目線に立ってとらえたり、実際にその子の動きや道具操作を真似てみたりして、その子の言葉や行動の裏にある思いや願いは何なのかを考えます。場や相手、集団によって子どもが見せる姿はさまざまなので、たくさんの教師の目でその子を見て、集団論議していくなかで子ども理解を深めていき、発達課題を明らかにしていきます。障害特性や成育歴のなかでどんな制約や困難、わからなさやできなさがあるのか、どんな「わかってできる」力や「人とつながりあえる」力があるのか、どんなことを楽しんでいるのかなどを意図的なかかわりのなかで掴んでいきます。

　授業では、子ども理解に合わせて、その子の発達の状況や実態・課題に応じた教材づくりも進めていきます。その子、またはその集団にとって、どんな題材が楽しめるのか、どんな力の発揮が期待できるのか、子どもたち同士のどんな共感・共有関係がつくり出せるのかなども授業づくりの大切な視点です。

　子ども理解と教材づくりは相互関係にあります。実際に取り組んでみないとわからないことも多く、教師が楽しめるだろうと思って提示した教材が見向きもされないこと

だってあります。子どもたちの見せる姿と、教師の思いとのズレを丁寧に読み取っていくことで、子ども理解が進み、教材を変化させる、その繰り返しを大事にしています。

（2）知的障害特別支援学校の授業

　知的障害のある児童・生徒が通う特別支援学校では、「日常生活の指導」「生活単元学習」「作業学習」「遊びの指導」など、私たちがこれまで授業として受けてきたことのない教科があったり、異なる指導形態の授業があったりします。これは、学校教育法のなかで、特別支援学校の役割として障害による学習上、または生活上の困難を克服し、自立を図るために必要な知識技能を授けることが求められており、そのため、その生徒が学びを深めるためにはどのような合理的配慮が必要なのかを考えて、障害や成育歴からくる実態に基づいた教材・教具を吟味して授業を行う必要があります。

（3）高等部の実践

　本校では、学校教育のまとめとなる高等部3年間を社会への巣立ちへとつなげる時期、「自分づくり」を進めていく大切な時期ととらえ、青年期の豊かな人格発達を目指しています。生徒が仲間との関係のなかで自分をどのようにとらえ、どのような自分でありたいのか、どのように自分の力を発揮し、集団のなかに自分を位置づけようとしているのかを教育内容や活動と関連させて探り、一人ひとりにとっての「自分づくり」へとつなげていきます。そのためには授業等を含めた学校生活の中身づくりと文化の創造が不可欠です。

　特別支援学校の特徴的な授業の一つに『作業学習』があります。特別支援学校の活動内容について記載している高等部学習指導要領解説によると、作業活動を学習活動の中心にしながら、児童生徒の働く意欲を培い、将来の職業生活や社会自立に必要な事柄を総合的に学習する指導とされています。本校では『生産学習』という名で授業を行っており、労働教育として働く意味や目的を仲間とともに学び深めていくことを大切にしています。

　生産学習は週に2回の設定で「農業」「食品加工」「陶工」「木工」の4種目を行っています。生徒自らが素材（土、食材、粘土、木材）などにはたらきかけて価値のあるものをつくりだす過程を通して、仲間とともに学び深め合いながら、自分自身をつくりか

えていくことを大切にしている教育活動です。物づくりの価値について、本校ではその価値を使用価値（用途や目的、使い心地など）、贈与価値（誰か「不特定多数ではなく、家族や友だち、先生などの身近な相手」に喜んでもらえるもの）、交換価値（価格や物々交換品等）ととらえ、まずは使用価値のあるものをつくりだす手応えをたっぷり味わいながら贈与価値も感じられる取り組みを大切にしています。また、そういった価値に気づきにくい生徒が多い実態もあるため、素材と向き合ってはたらきかけてつくり上げたものそのものの価値をたっぷり味わう取り組みも不可欠です。

　例えば、陶工班では自分がつくり上げたものの使用価値を確かめるために、実際に自分が食べたいものを入れる給食の器として使用したり、つくったコップでお茶会を開いたりしています。そのなかで生徒たちは漏れていないかどうか、口当たりはどうか、洗いやすさはどうか、必要な量が入れられたかどうか、持ち手の意味は何なのかなどに気づいていきます。

　毎学期の終わりには高等部みんなで『お疲れ様会』を開き、自分たちのつくった作品を紹介してお互いの頑張りを認め合います。陶工班のつくったコップに飲み物を入れて、木工班がつくったお盆に乗せて運んだり、陶工班のつくった器の上に食品加工班のつくったクッキーや、農業班が収穫した野菜を置いたりして、それぞれの班が素材を変化させてつくり上げたものの喜びをみんなで分かち合います。周囲から認められる経験のなかで

美術　ボーリングアートの作品

農業　大根の収穫

給食時に陶工作品を使い使用価値を確かめる

陶工班の作品

「僕にもつくってほしい」「もっとこうしたらよくなるんじゃない？」等の意見も出てきて、それが次回への意欲につながります。「顔の見える身近で大切なあの人のためにつくりたい」「作品のよさを知ってくれたあの人から自分が注文を受けた」というかけがえのない経験を、それぞれの生産班の仲間や先生と共有しながらものづくりを進めていくなかで、働く仲間として育ち合い、自分づくりが進んでいくことをねらって取り組みを進めています。

③ 活動において意識している点

　本校教員は、その集団の生徒たちがどんなことを楽しいと思うのか、もっとやってみたいと思うのか、その教育内容を考慮して教材づくり、授業づくりに取り組んでいます。教育内容が楽しくなければ子どもと教材を共有することが困難だからです。

　教材のとらえ方が教師と生徒で異なる場合や、教師が考える生徒にとっての教材の面白さと、実際に子どもが感じる教材の面白さが異なる場合もあります。特別支援学校の授業では、教師が教材を媒介に生徒にはたらきかけたとしても、やりとりが十分に成立するとは限りません。例えば、教師のはたらきかけに最初から耳を傾けようとすらしない場合や、教師の意図や気持ちを受け付けない場合もあり、教師は思うように授業が進まない、教材に込められた内容を生徒が学んでくれないと感じることもあります。しかし、教材を教師と生徒が共有するためには互いの異なる『ズレ』を出発点に、生徒の見せる姿からその内面を読み取って教育内容を変化・発展させ、その『ズレ』を解消していくことがとても大切です。教師の世界に生徒を一方的に引き寄せようとするのではなく、生徒が何に興味を示しているのかを知り、その理由は何かを考え、その上で教師がその教材の価値をつかみ直し、それを生徒のわかる力に応じて展開していくことを意識して日々取り組んでいます。

　このような取り組みは授業者だけでできるものではありません。むしろ教材に精通すればするほど、かたくなにそれに固執してしまうこともあり、生徒との『ズレ』に気づけなくなっていることもあります。生徒が帰った後の教室や教員室で、その日見せた子どもの姿を先生同士で共有したり、違った視点や価値観でとらえた様子を見聞きしたりするなかで生徒理解が深まっていきます。

　また、週に一度ある高等部の教職員による研究会で教師のはたらきかけや教材のとら

え方、子どもたちの見せる姿から読み取ったことなどを相互批判的に論議するなかで、授業者の考えが整理されたり、新しい視点に気づいていったりすることができます。「生徒にとってどうなのか」という、対等に意見交流できる論旨の設定と、忌憚なく論議し合える教員集団の同僚性の発揮が不可欠です。

4　進路指導

　特別支援学校高等部卒業後にどんな進路をとるのか、皆さんはイメージできますか？知的障害を有する生徒の進路先は就労に結びつけることが多く、大学等に進学する進路はほとんどないのが現状です。本校では「もう少し学び、青春したい」という思いをもつ生徒の希望を実現する進路先として、障害福祉サービス事業のうちの一つである自立訓練事業・生活訓練（上限24か月）を利用した福祉専攻科に実質的に"進学"するケースもあります。この場合、障害福祉事業所の利用になるので学歴には残りませんが、2年間学ぶ機会が保障され、その後は企業就労または福祉就労に進路をとっています。ほかに職業訓練校を1年間利用し、企業就労を目指す人もいます。また、先述した障害福祉サービスの利用を進路先に決定することが本校では多く、生活介護事業所、就労継続支援B型、就労継続支援A型、就労移行支援のいずれかのサービスを受けることになります。

　本校では、進路指導を学校教育の総体として位置づけており、学校卒業後の進路選択にあたっては、生徒自らが自己選択、自己決定できるよう丁寧に指導しています。生徒を中心に据えて保護者、教師がともに卒業後の進路、生活を考えていくことが大事で、進路希望先への見学、実習等を通じて決定します。生徒の進路希望先となりえそうな事業所等の開拓は進路担当教員が担い、生徒の実態や課題、ニーズを担任から聞き取って情報共有するようにしています。

　卒業後、生徒が社会生活を営む主体者としてさまざまな所で「必要とされる人」「なくてはならない人」になっていくには、やはり周囲の大人の支援が必須であるととらえています。本校では、在学中に教育活動に取り組んだなかでの課題、成果をまとめ、進路先に丁寧に引き継ぎを行っています。卒業後も可能な限りアフターケアで保護者、進路先の職員、相談支援機関等と横の連携を大事にしながら対応しています。

　どんな人でも大切にされ、豊かな人生を送っていけるような社会形成を、私たちがで

第1章　障害者を支援する際に、まず知っておきたいこと
第2章　障害児・難病児に関する疾患・障害
第3章　障害児・難病児に関する法制度
第4章　障害児・難病児サービスの使い方
第5章　児童福祉サービスの実践事例
第6章　子どもと保護者への支援のあり方

きることから始めていくこと、取り組んでいくことが何よりも必要なことではないでしょうか。

5 子どもの言動の裏にある隠された思いや願いを考えていくために

　本書を手に取って読んでいただいている皆さま、特別支援学校に少しでも興味をもっていただけましたでしょうか。障害のある児童・生徒とかかわる仕事をされている人や、子育て世代の家族の皆さまは、少なからず子どもに「こうなってほしい」という願いをもっていると思います。その多くが子どもの幸せを願い、「卒業後親が亡くなっても困らないように」「周りの人に迷惑をかけないように」と本人のためを思う気持ちがあるにせよ、「できる」ことに視点をあてることが多いのではないでしょうか。

　学校教育の現場でも、目標や評価に「できる」という言葉を明記することが増え、どれくらいできるようになったかが通知表に記されるようになってきています。

　一方、「できる」ことに視点をあてすぎると、子どもの思いや願いが見えなくなることもあります。子どもの見せる姿や発する言葉の裏に隠された思いや願いは何なのかを、考えていくきっかけにしてもらえたら幸いです。

　多くの特別支援学校では、子育てに悩む家庭の皆さまを対象に、教育相談や入学相談も行っています。一度相談してみてください。

　本校では医療、福祉、大学等の関係諸機関とも連携しながら子どもの教育実践や、研究を積み重ねています。共同研究や研究協力、学生の受け入れや、関係諸機関への助言等も行っております。今後ともそのつながりを広げ、深めていきながら、子ども主体の教育実践を追求していけたらと考えています。

子どもと保護者への
支援のあり方

01

療育とは何か？

▶ 療育とは

　「**療育**」は、もともと肢体不自由児に対して、機能訓練によって日常生活における適応を向上させるために始まりました。その後、療育はその対象範囲を広げ、すべての障害のある子どもを対象としています。療育では、障害を個人の心身機能によるものとする医学モデルの考え方だけではなく、障害は社会における障壁と個人の相互作用によって生じるとする社会モデルの考え方も重要です。障害の医学モデルと社会モデルを統合した**国際生活機能分類（ICF）**は、障害の理解をする上で大切な視点になります。

　「療育」と同じような意味で用いられる言葉に「**発達支援**」があります。発達支援とは、障害のある子どもやその可能性のある子どもが、地域で育っていく際に生じるさまざまな課題や困難を解決するための支援全般をさします。「療育」においても「発達支援」においても、子どもたちが障害のない状態に近づくために支援を行うのではありません。**その子ども自身がもっている能力や特徴を活かしながら、自分らしく生活できるようになることが大切です。**

▶ 療育はどこで受けられるか？

　療育を受けられる施設は、大きく「通所系・訪問系」と「入所系」の二つに分けられます。通所系・訪問系では、児童発達支援（医療型児童発達支援）、放課後等デイサービス、居宅訪問型児童発達支援、保育所等訪問支援があります。このなかから、子どもの年齢、障害の程度、通いやすさや通う頻度、療育の内容などをふまえて選択します。また、障害のある子どもが施設に入所して療育を受ける入所系には、福祉型と医療型があり、障害に応じた適切な支援が提供されます。

ICFと支援施設 図

第1章 障害児・難病児の支援でまず知っておきたいこと

第2章 障害児・難病児に関する疾患・障害

第3章 障害児・難病児に関する法制度

第4章 障害児・難病児サービスの使い方

第5章 児童福祉サービスの実践事例

第6章 子どもと保護者への支援のあり方

国際生活機能分類（ICF）

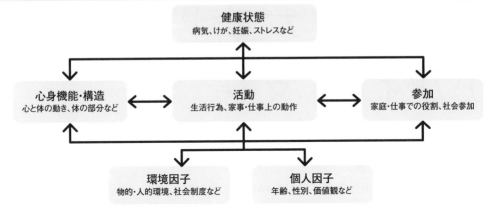

健康状態
病気、けが、妊娠、ストレスなど

心身機能・構造
心と体の動き、体の部分など

活動
生活行為、家事・仕事上の動作

参加
家庭・仕事での役割、社会参加

環境因子
物的・人的環境、社会制度など

個人因子
年齢、性別、価値観など

療育が受けられるところ

通所系・訪問系

児童発達支援
・未就学児を対象に、日常生活における基本動作の指導、知識技能の付与、集団生活への適応訓練を行う

医療型児童発達支援
・肢体不自由のある未就学児を対象に、日常生活における基本動作の指導、知識技能の付与、集団生活への適応訓練および治療を行う

放課後等デイサービス
・就学児の授業後や休校日に、児童発達支援センターなどで、生活能力向上のための訓練、社会との交流促進を行う

居宅訪問型児童発達支援
・重度の障害などによって外出が著しく困難な障害児の居宅を訪問し、発達支援を行う

保育所等訪問支援
・専門職員が保育所などを訪問し、障害児に対して集団生活への適応のための専門的な支援を行う

※医療型児童発達支援は、2024年度より児童発達支援に一元化される予定

入所系

福祉型障害児入所施設
・施設に入所している障害児に対して、保護、日常生活の指導、知識技能の付与を行う

医療型障害児入所施設
・施設に入所または指定医療機関に入院している障害児に対して、保護、日常生活の指導、知識技能の付与および治療を行う

02

さまざまな専門職が
かかわる支援

▶ 療育にかかわる専門職

　療育にはさまざまな専門職が支援にかかわることになります。具体的には、**医師**、**看護師**、**理学療法士**（Physical Therapist: PT）、**作業療法士**（Occupational Therapist: OT）、**言語聴覚士**（Speech-Language-Hearing Therapist: ST）、**心理職**（公認心理師・臨床心理士など）、**社会福祉士**、**保育士**、**児童指導員**などがかかわります。子どもと家族を中心として、各専門職がそれぞれの専門性を活かして支援しています。療育においても多職種で連携して支援にあたることが大切で、**多職種によるチームでの情報共有や支援目標の共有によって、一貫した支援が可能となります**。一方、これらすべての専門職が一つの支援機関に揃っていることはまれであり、施設内における**多職種連携**はもちろん、地域の関連機関や施設外の専門職との連絡調整や連携も必要です。

▶ 互いの専門性の理解

　さまざまな専門職がかかわり、ともに療育を進めていくためには、専門職同士での多職種連携が必須になります。そのためには、それぞれの専門性をある程度理解しておくことが必要になります。例えば、療育を実施するためのアセスメントについては、医師は健康面、理学療法士は姿勢・運動機能、作業療法士は運動機能や感覚機能、言語聴覚士は言語・音声機能、心理職は心理的側面、社会福祉士は社会的側面、保育士は日常生活の活動面というように、各専門職がそれぞれの視点でアセスメントを行いますので、その専門性を互いに知っておく必要があります。また、各専門領域は明確に線引きできない場合もあり、それぞれの専門性を尊重して組み合わせながら、子どもに対してより適切な療育や発達支援を進めていく必要があります。

子どもと家族の療育・発達支援にかかわる専門職

医師
●病気の診断と治療

●生活習慣の形成や集団
生活への適応訓練

保育士

理学
療法士
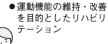
●運動機能の維持・改善
を目的としたリハビリ
テーション

子ども
家族

社会
福祉士
●社会資源の活用や
環境調整

作業
療法士
●日常生活における
動作の分析と支援

●心理的なアセスメントや
カウンセリング
心理職

言語
聴覚士
●言語や聴覚に関する
検査や分析、支援

各専門職のアセスメントにおける専門性の例

専門職	アセスメントにおける専門性
医師	医学的検査や診察によって、子どもの健康や発達の評価、病気の診断を行う
理学療法士	動作の観察や分析によって、姿勢や粗大運動をはじめとする運動機能のアセスメントを行う
作業療法士	動作や活動の観察や分析から、日常生活における運動機能、感覚機能のアセスメントを行う
言語聴覚士	検査や行動観察を通して、聴覚や言語・音声機能、嚥下機能などのアセスメントを行う
心理職（公認心理師、臨床心理士など）	心理検査や行動観察、面接によって、子どもの発達や心理的側面、家庭の養育状況のアセスメントを行う
社会福祉士	面接や調査を通して、子どもの生育環境や家庭状況、社会資源などのアセスメントを行う
保育士	生活や遊びにおける観察を通して、日常生活の活動や子どもの発達のアセスメントを行う

第1章 障害児・難病児の支援でまず知っておきたいこと

第2章 障害児・難病児に関する疾患・障害

第3章 障害児・難病児に関する法制度

第4章 障害児・難病児サービスの使い方

第5章 児童福祉サービスの実践事例

第6章 子どもと保護者への支援のあり方

03 傾聴することの大切さ

支援は相手を理解するところから

　障害のある子どもや、その家族への支援を考えるためには、目の前の相手がどのようないきさつを経て、どのように困っているのかを把握する必要があります。相手の状況をよく理解することで、支援者側の介入が、相手のニーズに合った効果的なものになるでしょう。そのためには、**先入観をもたずに相手のことを一から理解しようとすることが求められます**。

　相手を理解するために大切なスキルの一つに**傾聴**があります。傾聴とは、熱心に耳を傾けて話を聴くことであり、支援者が身につけておくべき姿勢です。支援者が傾聴に徹することで、子どもや家族は「自分に関心をもたれている」「自分が理解されている」と感じ、さまざまな思いを表現しやすくなります。

傾聴を行うための基本的なポイント

　傾聴にあたっては、さまざまな「きく」を使い分けることが重要です。子どもや家族に対して注意を向け、話されるすべての内容に関心を払う（聞く）なかで、怒りや不満などの否定的な感情をぶつけられても、否定せずに耳を傾ける（聴く）姿勢が求められます。また、支援のために必要な情報を得るために、支援者側から適切なタイミングで、相手が答えやすいように質問する（訊く）ことも大切です。

　専門家としての責任をもって相手の話を聴くことは容易ではありません。支援者も一人の人間であり、相手の話から注意がそれることや、相手の話に感情を揺さぶられることもあるでしょう。それだけに、座学による知識や理論だけで身につくものではありません。**実践を繰り返し、体験を通して学びとっていこうとする姿勢が大切です**。

支援者に求められる姿勢とかかわり方 図

子どもや家族に対する支援者の姿勢

感情が入り混じる

丁寧に聴く　情報を整理する

子どもや家族は、状況が整理されず、何に困っているか、どうすればよいか見通しが立っていない。さまざまな感情が複雑に入り混じっている

支援者はさまざまな「きく」を使い分け、利用者の状況を整理しながら、先入観にとらわれずに、利用者の思いを理解して伝え返していく

傾聴を行う上でのかかわり方の例

アイコンタクト	目をそらしたり、凝視したりせず、適度なレベルで目を合わせる
うなずき	相手の話が一区切りつくタイミングで、適度にうなずく
距離・姿勢	相手と適度な距離を保ち、相手の側に姿勢を傾け、正面を向いて聴く
相づち	「うん」「ええ」「はい」「なるほど」などと、相手の話を受け入れる
ペースを合わせる	相手の話すペースや言葉遣いに可能な範囲で合わせようと試みる
相手の気を散らさない	身体を動かす、相手の話に割り込む、メモを取るといった行為は最小限にする

これらのかかわりを丁寧に行うことで、子どもや家族は自分の話に関心が払われていると感じ、安心して困りごとを話しやすくなる
支援者はこうしたかかわりを自然に行えるように、実践を通して学んでいく必要がある

第1章　障害児・難病児の支援でまず知っておきたいこと
第2章　障害児・難病児に関する疾患・障害
第3章　障害児・難病児に関する法制度
第4章　障害児・難病児サービスの使い方
第5章　児童福祉サービスの実践事例
第6章　子どもと保護者への支援のあり方

04

相手によって姿勢を
変えることも大事

▶ 誰にでも同じ支援が有効とはいえない

療育における具体的な支援内容は、**対象となる障害児の発達特性や家族のニーズをふまえた上で、柔軟に決定していく必要があります。**

例えば、「自閉スペクトラム症」の診断を受けている子どもであっても、言語の理解や表出に遅れが生じているケースや、他児への興味がなく、集団活動への参加に困難を抱えているケース、こだわりの強さゆえに相手のペースを受け入れられず、かんしゃくが生じやすいケースなど、困りごとはさまざまです。そのため、一人ひとりの子どもの困りごとに合わせて、個別での訓練を行うか集団での活動を行うか、また具体的な支援計画をどのように立てるかなど、そのつど支援者が判断し、最適なものを提案する必要があります。

▶ 家族との面接も柔軟に進めていく

子どもと同様に、その家族についても、支援の利用の背景となる状況や、支援に対するニーズはさまざまです。前項でも述べたとおり、このような状況の違いを十分に理解した上でその家族に合った支援を行っていく必要があります。

療育を利用する場合、家族（保護者）自身のニーズで申し込まれる場合もあれば、周囲からの勧めによって申し込まれる場合もあります。特に後者の場合には、家族としては支援を望んでおらず、むしろ支援者から問題を指摘されることを恐れ、支援へのためらいを抱いている可能性もあります。そのような家族の心境を理解せずに支援を進めようとするのは得策ではありません。**まずは家族が抱いている支援を受けることへの葛藤に寄り添い、支援を求めてやって来たこと自体を労うことから始めましょう。**

自閉スペクトラム症児における困りごとの例

言語に関する
発達の遅れ

こだわりの強さ

集団場面への
参加しにくさ

自閉
スペクトラム症
という診断

感覚の過敏さ

他者の視点の
もちにくさ

感情コントロールの
難しさ

診断名は同じでも、
困りごとは一人ひとり異なります。

家族の心境に合わせた支援

見通しをもてず
支援に対する戸惑いや
ためらいを抱いている

相談に来たことを
労い、支援に対する
複雑な心境に寄り添う

家族

支援者

現状を解決するために
具体的な支援や子育て
への助言を求めている

情報収集を行い
情報提供・助言や
支援の計画・実施を行う

第1章　障害児・難病児の支援で　まず知っておきたいこと

第2章　障害児・難病児に　関する疾患・障害

第3章　障害児・難病児に　関する法制度

第4章　障害児・難病児　サービスの使い方

第5章　児童福祉サービスの　実践事例

第6章　子どもと保護者　への支援のあり方

05

子どもたちに合わせた療育を行うために

▶ アセスメントの必要性

　療育における具体的な支援内容は、一人ひとりの子どもに合わせたものにしていく必要があります。そのためには、子どもがどのような発達特性を有しており、どのような環境で育ってきたか、現在どのようなことに困っているかなどを**評価（アセスメント）**した上で、家族やほかの支援者と共有を図ることが求められます。

　アセスメントは一度実施すればよいわけではなく、**支援の開始時から終了時にかけて、継続的に実施します。**例えば、支援の開始時には、具体的な支援計画を提案するために、子ども本人や家族との関係をつくりながら、幅広い情報を収集していく必要があります。

　また、療育が開始されてからも、その支援によって子どもがどのような力を身につけ、日常生活でどのような変化が生じているかを定期的に確認することが求められます。

▶ アセスメントには複数の手法がある

　療育の対象となる子どもへの支援内容を計画するためのアセスメントには、さまざまな手法があり、複数のものを適切に組み合わせる必要があります（➡ P.222）。

　心理職による心理的アセスメントの手法の一つである行動観察では、子どもとかかわるなかで、さまざまな視覚的情報や周囲からの声かけに対して、子どもがどのように反応するかを観察し、子どもの発達特性を見極めます。

　また、質問紙や知能・発達検査では、家族への聴取を実施したり、子どもに課題に取り組んでもらったりするなかで、一定の基準に則り、知的水準や発達特性を評価します。

　面接では、家族に加えて、子どもとかかわっているほかの専門職（保育士・教師など）に聴取を行い、ふだんの子どもの行動や適応の程度を評価する場合もあります。

第1章　障害児・難病児の支援でまず知っておきたいこと

第2章　障害児・難病児に関する疾患・障害

第3章　障害児・難病児に関する法制度

第4章　障害児・難病児サービスの使い方

第5章　児童福祉サービスの実践事例

第6章　子どもと保護者への支援のあり方

継続的なアセスメントの必要性

支援の開始

支援の終了

支援を振り返っての評価
・支援を経ての子どもの変化
・日常生活での子どもの適応の評価
⇒必要ならば支援計画を
　　　立て直す

支援に向けたアセスメント
・子どもの知的水準／発達特性
・日常生活における子どもの行動特徴
　⇒どのような支援が有効かを判断する

主な心理的アセスメントの手法

行動観察

遊びなどの場面の観察を通して、子どもがどのような刺激に、どのような行動をとりやすいかを評価する

面接

子どもまたは家族などから聴取を行うことで、日常生活のなかでの行動特徴や、その子どもなりの強みを評価する

質問紙

子ども、または家族や支援者による、質問項目への回答を集計し、子どもの発達特性や適応の程度、周りの人の困り感などを評価する

知能・発達検査

子ども本人に課題を提示し、課題への反応を一定の基準に沿って評価しながら、子どもの能力や発達特性を評価する

※さまざまな内容があり、医療機関では保険適用となる場合もある。
※保険適用でない場合、実施費用や結果の返却の費用は相談機関によって異なる

06

家族の話から
わかること

▶ **家族からの聴取によるアセスメント**

　行動観察や知能・発達検査のように、子どもを直接の対象としたアセスメントに加えて、**家族との面接から得られた情報を組み合わせることで、子どもの実際の生活をふまえた支援を行いやすくなります。**

　家族との面接では、対象となる子どもの生育歴や家族歴、家族がこれまで子どもに対してどのようにかかわってきたのかといった内容を聴取します。例えば、発達障害が疑われるようなケースでは、近親者に発達障害の診断を受けた人や、そのような行動特徴を有する人がいないかなど、家族歴を聴取して、遺伝的な影響を考慮します。

▶ **家族のかかわりからわかること**

　療育を行う上でのターゲットとなる行動について、家族がどのようにかかわってきたかを確認することで、どのような介入を行うかを検討する際の参考になります。

　例として「注意力・集中力が散漫で、遊んだものを片づけられない」という困りごとを考えてみましょう。この場合、「ものを片づけられない」という場面について、家族が子ども本人に「片づけて」と指示をしてから、本人がとる行動（構わず遊び続けるか、片づけようとするかなど）や、片づけに集中できる時間の程度（1分か10分程度かなど）、片づけが中断した場合の家族の反応（叱るのか、代わりに片づけるのか、放っておくのかなど）などを確認します。そうすることで、「片づけられない」という困りごとがどのように発生し、維持されるのかを理解するとともに、どの程度の集中力があるのか、逆にどのような条件なら「片づけられる」のかといった、子どもが本来もっている力の把握にもつながります。

家族からの面接で聴取する主な内容

療育の利用にあたってのニーズ	・どのような経緯で利用に至ったか ・支援を通して何を達成したいと考えているか
現在の主な困りごと	・家庭内での気になる行動と、その影響 ・家庭外（園・学校等）での気になる行動と、その影響
生育歴・家族歴	・出生時からどのように育ってきたか ・本人や家族の病歴など
家族のかかわり	・誰がどのように本人にかかわっているか 　⇒具体的な場面を取り上げながら確認する
本人の強み（➡P.234〜237）	・本人が得意なこと／既に取り組んでいること ・本人が興味をもっていること
サポート資源	・本人や家族にとって支えになるもの ・これまでどのような人に相談してきたか
その他（必要な場合）	・虐待につながりうるかかわりの有無　など

すべての情報を聞き出すことが目的ではありません。家族にとって話しやすい内容から語ってもらうように、面接を進めていきます。

家族のかかわりからわかること

普段の生活の
スケジュール

子どもが家族の
かかわりをどう
認識しているか

気になる行動が
生じやすい条件と
生じにくい条件の違い

子どもの現在や
将来に対する
家族の思い

子どもが興味を
もっていること

子どもの強みや
課題・発達特性など

第1章　障害児・難病児の支援でまず知っておきたいこと

第2章　障害児・難病児に関する疾患・障害

第3章　障害児・難病児に関する法制度

第4章　障害児・難病児サービスの使い方

第5章　児童福祉サービスの実践事例

第6章　子どもと保護者への支援のあり方

07

心理検査について
（WISCを例に）

▶ WISCとは

知的能力を評価するための心理検査として、**ウェクスラー法**があります。その一種である **WISC** では、子ども本人に検査者と1対1の場面で、複数の課題に取り組んでもらいます。その結果から、子どもにとって得意なこと・不得意なことの整理や同年齢の子どもと比較してどの程度の知的水準を有するかの評価を行います。

WISC を実施する専門職（公認心理師・臨床心理士など）は、療育での支援の方向性について共有するために、ほかの支援者にわかりやすく情報提供を行う必要があります。上記の専門職以外の支援者も、WISC を通して子どもの何がわかるのか、大まかな意味を知っておくことが求められます。

▶ 検査結果のフィードバック

WISC を含め、子ども本人の行動を評価する心理検査では、主に家族（場合によっては、子ども本人も加えて）に結果を伝える際に、以下の点に留意しましょう。

まず、**わかりやすい表現で説明することが重要です**。インターネットなどでいろいろと調べていたり、ほかの家族から話を聞いていたりする場合がありますが、誤解をしている可能性もあります。家族が説明の意味を正しく理解しているか、説明の合間に確認しながら、検査を通してわかった内容を一つずつ伝えていきましょう。

また、**子どもの強み・課題をともに伝えることも重要です**。「検査」という言葉から、子どもの弱点や問題に目が向きがちですが、どのような子どもにも、強みや得意なことがあります。苦手なことに対して、どのような訓練や環境調整、周囲からの理解が必要かに加えて、得意なことを生活のなかでどう活かすかという視点が大切です。

ウェクスラー法の種類

検査名称	対象年齢	現在のバージョン
ウェイス WAIS（Wechsler Adult Intelligence Scale）	16歳0か月〜90歳11か月	第4版（WAIS-IV） 2018年発行
ウィスク WISC（Wechsler Intelligence Scale for Children）	5歳0か月〜16歳11か月	第5版（WISC-V） 2021年発行
ウィプシー WPPSI（Wechsler Preschool and Primary Scale of Intelligence）	2歳6か月〜7歳3か月	第3版（WPPSI-Ⅲ） 2017年発行

※いずれも、医療機関では保険適用の範囲内で実施される
　保険点数：WAISとWISCでは450点、WPPSIは280点になる
※結果の返却の費用は相談機関によって異なる（無料の場合もある）

WISCを通して主にわかる内容（指標の名称はWISC-Vのものを使用）

指標の名称	意味するもの
全検査IQ（FSIQ）	理解や判断に関する、総合的な力
言語理解指標（VCI）	言葉を理解し、言葉で説明する力
視空間指標（VSI）	目の前の状況を見て理解する力
流動性推理指標（FRI）	情報をもとに思考し、判断する力
ワーキングメモリー指標（WMI）	見聞きした情報を記憶し、適切に使う力
処理速度指標（PSI）	目で見た情報をもとに、素早く作業する力

第1章　障害児・難病児の支援でまず知っておきたいこと
第2章　障害児・難病児に関する疾患・障害
第3章　障害児・難病児に関する法制度
第4章　障害児・難病児サービスの使い方
第5章　児童福祉サービスの実践事例
第6章　子どもと保護者への支援のあり方

08

本人の強みを活かした支援を考える

療育の目的は悪いところを治すものではない

療育を行う目的の一つは、子どもが社会生活を行う上で必要なスキルを身につけることです。例えば、言葉の発達に遅れのある子どもに、言葉の理解や表出のスキルを学習させることが挙げられます。また、怒りをこらえられずに物を投げてしまう子どもに、怒りが生じた際の呼吸法の訓練を行うというように、不適切な行動を適切な行動に置き換える支援も考えられます。

しかし、療育とは、単に子どもが身につけていないことを学習させる、子どもの問題行動を修正するという、「悪いところを治す」ものではありません。療育には「**社会モデル**」という考え方があり、困りごとの原因を子ども本人の障害としてだけ考えるのではなく、**子どもを取り巻く社会の側にも障壁があると考えます**（➡ P.220）。その上で、その子どもなりの主体性を発揮しながら生きていけるように支援します。

強みを生かした支援とは

一人ひとりの子どもが主体性を発揮し、自分らしさを表現できる療育を行うためには、子どもの強みを伸ばすかかわりが求められます。「強み」には、その子どもが得意なこと、好きなこと、すでにできている適応的な行動、子どもの周りにあるサポート資源など、さまざまなものがあり、どのような子どもでも何らかの強みをもっています。

言葉の発達に遅れのある子どもの例でいえば、仮に視覚的な情報による状況理解や自己表現が得意な場合、その強みを活かして、絵カードを使うスキルを身につけることで、言葉でのやりとりが難しい状況でも、自分の意思を伝えやすくなります。**一つの支援方法にこだわらず、柔軟な視点で子どもの生活を豊かにすることが大切です。**

第1章 障害児・難病児の支援で まず知っておきたいこと

第2章 障害児・難病児に 関する疾患・障害

第3章 障害児・難病児に 関する法制度

第4章 障害児・難病児 サービスの使い方

第5章 児童福祉サービスの 実践事例

第6章 子どもと保護者 への支援のあり方

医療モデル

子ども本人の
発達特性による
問題を支援します。

この子どもが自分らしさを
発揮できるように環境を整
えましょう。

○○の役割を
任せたよ！

社会モデル

図の上部が医療モデル、下部が社会モデルによる支援の例です。
いずれの視点も必要ですが、本人の強みを活かす意味では
社会モデルの視点がより重要になるでしょう。

09

本人の強みを活かした支援の進め方

心理検査による強みのアセスメント

どのように子どもの強みをアセスメントしていくかですが、その一例として、「物の片づけを上手くできない」という相談に来た親子について考えていきます。

子どもに対しては、行動観察に加えて、WISCを実施することで、同年代の子どもとの比較に加えて、その子どものなかで相対的に得意なこと、苦手なことは何かが評価できます（➡ P.232）。仮に、「ワーキングメモリー」の得点は低い一方で、「言語理解」「視空間」の得点が高いとします（右図上）。この場合、「使ったものを片づけようね」という指示を長時間覚えておくのは苦手でも、言われた瞬間には理解できている可能性があります。また、視覚的情報を用いると、指示を理解しやすいと考えられます。

これらの結果から、どのような支援がよさそうかを考えていきます。このケースであれば、効果的なメモの使用を狙ったペアレント・トレーニング（➡ P.244）や、絵カードを通した状況理解を促す療育を行うことが一つの選択肢となりそうです。

家族からの聴取による強みのアセスメント

家族との面接では、「物の片づけを上手くできない」場面の詳細（「片づけない」状況が生じる頻度、程度、「片づけない」代わりにとる行動など）を確認するとともに、その例外となる「片づけられる」状況についても尋ねます。「少しでも片づけられるとき、その直前や直後にどのような声かけをしていますか」などと質問するとよいでしょう。また、子どもが何に興味をもっているかなども確認していきましょう。

これらの質問から得られた内容は、ABC分析による子どもの行動の理解や、トークンエコノミーによる適応行動の促進につながります（右図下）。

本人の強みを活かした支援の例　図

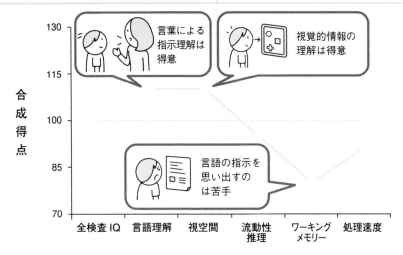

WISCの結果による強みのアセスメント

言葉による指示理解は得意

視覚的情報の理解は得意

言語の指示を思い出すのは苦手

合成得点：130 / 115 / 100 / 85 / 70

全検査IQ　言語理解　視空間　流動性推理　ワーキングメモリー　処理速度

家族からの聴取による強みのアセスメント

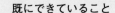

既にできていること

ぬいぐるみは片づけているよ！

行動のきっかけ・結果の理解

ぬいぐるみの有無で取り組み方が違う！

ABC分析：どのような状況で（A）どのような行動をとると（B）どのような結果になるか（C）を整理

興味をもっていること

このキャラが好きだよ！

子どもの適応行動の促進
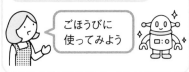
ごほうびに使ってみよう

片づけ5回継続でテレビを見る時間を延長

トークンエコノミー
ポイント制（トークン）によるごほうびとの交換システムで適応行動の定着を目指す

10 さまざまな支援方法

療育における支援

　療育で用いられる支援方法や支援技法は数多くあります。代表的なものとして、TEACCH、感覚統合療法、応用行動分析、ソーシャルスキルトレーニング、ペアレント・トレーニングが挙げられます。**TEACCH** とは、自閉スペクトラム症児とその家族を対象に、生涯にわたって支援を行う包括的なプログラムです。**感覚統合療法**では、日常生活におけるさまざまな感覚情報について整理し、それらをまとめて脳で処理する機能（感覚統合機能）を育てるための活動をします。その他にも、行動療法や行動分析学の知見に基づく、応用行動分析、ソーシャルスキルトレーニング、ペアレント・トレーニングなどが用いられています。このような方法や技法を導入する際には、適切に用いて支援を行うために、その理論的背景について学ぶことが必須になります。さらに、典型的な技法や理論を学ぶだけではなく、**目の前の子どもたちのニーズや状態に合わせた支援方法を考えて、その子どもに適した支援を行うことが重要**です。

インクルーシブな視点で子どもを支援する

　子どもの療育を進めるためには、具体的な支援方法・技法に加えて、**「インクルーシブ」**の視点が重要になります。インクルーシブとは「包括的な」という意味で、どんな人も排除や分離をせずに、すべての人を包み込む社会をインクルーシブな社会といいます。多様性を尊重して、ともに学び合いながら生活できる社会を目指し、そのなかで一人ひとりに応じた支援が求められます。療育の領域においても、その支援を実施する場所だけで完結するのではなく、子どもたちが地域を含めたインクルーシブな社会のなかで豊かに生活するために、どのような支援が必要かを考えることが大切になります。

療育における理解と支援　図

第1章　障害児・難病児の支援でまず知っておきたいこと

第2章　障害児・難病児に関する疾患・障害

第3章　障害児・難病児に関する法制度

第4章　障害児・難病児サービスの使い方

第5章　児童福祉サービスの実践事例

第6章　子どもと保護者への支援のあり方

療育で用いられる主な支援方法

支援方法	特徴
TEACCH（ティーチ）	自閉スペクトラム症児を対象とした包括的なプログラム。子どもに合わせて環境などを整える「構造化」という手法を用いる 構造化の例：活動と場所をセットにする「物理的構造化」、イラストや写真を使って伝える「視覚的構造化」など
感覚統合療法	感覚情報（視覚、聴覚、皮膚感覚、平衡感覚など）の入力や脳での統合が適切にできるような活動を行い、感覚統合機能を高める
応用行動分析	行動分析学に基づき、不適応的な行動を減らし、適応的な行動を増やすことで、子どもの生活の質を向上させる
ソーシャルスキルトレーニング	ソーシャルスキルを身につけることで、良好な人間関係を築き、対人関係のつまずきを改善する
ペアレント・トレーニング	子どもの行動変容の技術を親が習得することで、子どもの問題の低減や親子関係の改善を目指す

インクルーシブな社会における子どもの支援

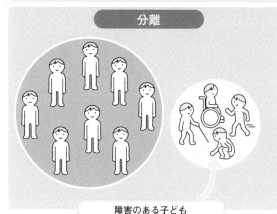

分離

障害のある子どもたちに対する支援

インクルージョン（包括）

子どもたちのニーズに応じた合理的配慮や支援

インクルーシブな社会では、障害のある子どもたちも、ない子どもたちも、一人ひとりのニーズに応じた合理的配慮や支援が提供された上で一緒に生活する

11

応用行動分析

応用行動分析とは

応用行動分析（ABA） とは、行動分析学という心理学の一分野をベースとしています。行動分析学では、人を含めた動物の行動がどのようにして学習されるのか、どのようにしてそれらの行動が増えたり、減ったりするのかについて明らかにするために、数多くの研究が行われてきました。応用行動分析は、それらの行動分析学の知見を利用して、人々がより豊かに暮らし、幸せに過ごしていけることを目指した支援を行います。応用行動分析は、**不適応的な行動を減らし、適応的な行動を増やすことで、支援を受ける対象者の生活の質を向上させること**を目指しています。そのため、障害児への療育に留まらず、学校教育現場での児童生徒の支援、スポーツでのコーチング、企業での生産性の向上、医療現場での看護や服薬管理など、さまざまな分野で使用されています。

ABC分析を用いて行動と環境の相互作用を理解する

応用行動分析では、環境との相互作用から行動を理解します。つまり、行動のすぐ前にどのようなことが起こり、行動のすぐ後にどのような結果があったのかを分析します。**行動の前の状況（Antecedent）、行動（Behavior）、行動の後の結果（Consequence）**について理解することを、それぞれの頭文字を取って、ABC分析と呼びます。例えば、お菓子売り場で（A）、子どもが泣いたときに（B）、親がお菓子を買ってくれた場合（C）、子どもがその場面で泣く頻度が増加することがあります。応用行動分析に基づく子どもの支援では、ABC分析を用いて行動を分析し、環境や課題の調整を行いながら、不適応的な行動の減少や適応的な行動の増加に向けて、具体的な支援の計画を立案することができます。

応用行動分析に基づく理解と支援 図

個人と環境の相互作用

環境

個人
（子ども）

反応（行動）→

←刺激

行動を変える
例：好ましい行動を増やす
　　行動の種類を増やす

環境を整える
例：課題を調整する
　　学校にはたらきかける
　　家族と連携する
　　公的サービスを利用する

子どもの問題行動に対するABC分析の例

行動の前の状況 （Antecendent）		行動 （Behavior）		行動の後の結果 （Consequence）
お菓子 売り場	→	子どもが 泣く	→	お菓子を 買って もらえる

対応の例
お菓子売り場を避ける

対応の例
泣かずに伝えるよう教える

対応の例
泣いたら買わない
泣かずに言えたらほめる

行動の前の状況 （Antecedent）		行動 （Behavior）		行動の後の結果 （Consequence）
難しい課題	→	子どもが 立ち歩く	→	課題を やらなくて すむ

対応の例
課題を簡単にする

対応の例
わからないときは質問
するように教える

対応の例
質問できたら手助けや
課題の調整をする

第1章 障害児・難病児の支援で まず知っておきたいこと

第2章 障害児・難病児に 関する疾患・障害

第3章 障害児・難病児に 関する法制度

第4章 障害児・難病児 サービスの使い方

第5章 児童福祉サービスの 実践事例

第6章 子どもと保護者 への支援のあり方

12

ソーシャルスキル
トレーニング

▶ ソーシャルスキルトレーニングとは

ソーシャルスキルトレーニング（SST） は、良好な人間関係を築き、対人関係のつまずきを改善することによって、子どもたちの心理・社会的適応を促すことを目的とした指導方法や治療技法です。ソーシャルスキルはさまざまなものがありますが、小学生や中学生までに学ぶべき基本的なスキルには、**関係を始めるスキル**、**関係を続けるスキル**、**意見を主張するスキル**、**問題を解決するスキル**などが挙げられます。さらに、声の大きさや高さ、視線や表情といった細かいスキルも対人関係を築く上で重要なポイントとなることから、ソーシャルスキルトレーニングのターゲットになることがあります。指導するスキルを選定する際には、**子ども一人ひとりに対して、どのようなスキルを獲得するとその子どもの対人関係が改善するかを見極める**ことが大切です。

▶ コーチング法を用いてソーシャルスキルを教える

子どもにソーシャルスキルを教える際には、コーチング法と呼ばれる指導方法がよく用いられます。コーチング法では、言語的教示、モデリング、行動リハーサル、フィードバック、日常場面での般化という手順でスキルの獲得を目指します。

まず、言語的教示では、そのスキルを身につける理由や、どのようなスキルかを具体的に説明します。次に、モデリングでは、支援者がスキルを使っている場面を見て、適切な使用方法を学んでもらいます。そして、行動リハーサルでは、ロールプレイなどによって、スキルを安全な環境で使う練習をします。その際、スキルを上手に使用できていれば、具体的で肯定的なフィードバックを与えます。最後に、練習したスキルを日常生活でも使用できるように、日常場面でそのスキルを使って身につけていきます。

ソーシャルスキルトレーニング 図

子どものための基本的なソーシャルスキルの例

関係を始めるスキル

- あいさつする
- 自己紹介する
- 仲間に誘う・加わる

関係を続けるスキル

- しっかり話を聴く
- 上手に質問する
- 気持ちに共感する

意見を主張するスキル

- はっきり伝える
- やさしく頼む
- きっぱり断る

問題を解決するスキル

- きちんと謝る
- 怒りをコントロールする
- トラブルを解決する

コーチング法に基づくソーシャルスキルトレーニングの手順

言語的教示	当該の社会的スキルを身につけることが大切である理由や、そのスキルがどのようなものであるかを具体的に説明する
↓ モデリング	支援者がそのスキルを上手に使えている場面や上手に使えていない場面を見て、子どもたちに適切なスキルの使用方法を学んでもらう
↓ 行動リハーサル	ロールプレイなどの手法を使って、そのスキルを安全な環境のなかで使ってみる練習をする
↓ フィードバック	スキルを上手に使用できていれば、具体的で肯定的なフィードバックを与え、子どもがそのスキルをまた使ってみたいと思えるように促す
↓ 日常場面での般化	練習したスキルが日常生活でも使用できるようになる（般化）ために、日常場面でそのスキルを使い、身につけていく

第1章 障害児・難病児の支援で まず知っておきたいこと

第2章 障害児・難病児に 関する疾患・障害

第3章 障害児・難病児に 関する法制度

第4章 障害児・難病児 サービスの使い方

第5章 児童福祉サービスの 実践事例

第6章 子どもと保護者 への支援のあり方

13

ペアレント・
トレーニング

ペアレント・トレーニングとは

ペアレント・トレーニングとは、子どもの好ましい行動を増やしたり、好ましくない行動を減らしたりするための行動変容の技術を、親が習得することを目的とした行動理論に基づくアプローチの総称です。ペアレント・トレーニングを行うことにより、子どもの怒りや攻撃、不安やうつなどの問題の低減、親の養育スキルの向上、親と子どもの関係改善、あるいは親自身のメンタルヘルスの改善が期待できます。特に、自閉スペクトラム症や注意欠如・多動症といった発達障害や、知的な遅れのある子どもたちの親に対して、数多くのペアレント・トレーニングの取り組みが行われています。ペアレント・トレーニングが適用される年齢層については、学齢期前までの子どもとその親を対象とすることが多くなっています。

子どもの行動を分けて計画的に支援する

ペアレント・トレーニングでは、子どもの行動を3種類に分類すると具体的な支援計画の立案がしやすくなります。具体的には、**好ましい行動**、**好ましくない行動**、**許しがたい行動**の3種類です。好ましい行動には、その行動をほめたり、肯定的な注目を与えたりすることによって、その行動が増加するようにします。好ましくない行動については、その行動に対する周囲の注目を取り除いたり、その行動を増やすような結果をなくしたりすることによって、その行動が減少するようにします。最後に、人を傷つける・物を壊すといった許しがたい行動については、警告やタイムアウト（その場から一時的に離れさせて落ち着かせること）を用いたり、その行動とは両立しない行動や代替となる行動を教えたりすることで対応します。

ペアレント・トレーニングのプログラム例

	講義 	グループワーク （演習・ロールプレイ） 	ホームワーク （家庭での取り組み）
第1回	オリエンテーション	よいところを探す	ほめた場面を記録する
第2回	行動の三つの分類	上手なほめ方を練習する	行動を3種類に分ける
第3回	行動のしくみの理解	行動のABC分析をする	行動をABC分析で記録する
第4回	環境の調整	環境の整え方を考える	整えた環境を記録する
第5回	達成しやすい指示	効果的な伝え方を練習する	伝え方を記録して振り返る
第6回	不適切な行動への対応	注目の外し方を練習する	日常生活で活用を続ける

ペアレント・トレーニングにおける行動の分類と支援

好ましい行動	好ましくない行動	許しがたい行動
例・身の回りのことをする ・課題に取り組む	例・騒ぐ、ぐずる ・ルールを守らない	例・自分や他者への暴力 ・物を壊す
↓	↓	↓
行動をほめる 肯定的な注目を与える	注目を取り除く 行動を増やす結果の除去	代替行動の指導 警告やタイムアウト

第1章 障害児・難病児の支援でまず知っておきたいこと

第2章 障害児・難病児に関する疾患・障害

第3章 障害児・難病児に関する法制度

第4章 障害児・難病児サービスの使い方

第5章 児童福祉サービスの実践事例

第6章 子どもと保護者への支援のあり方

第6章参考文献

- 市川奈緒子・岡本仁美（編著）『発達が気になる子どもの療育・発達支援入門：目の前の子どもから学べる専門家を目指して』金子書房, 2018.
- 厚生労働省（2006）「第1回 社会保障審議会統計分科会生活機能分類専門委員会資料」
- 厚生労働省「障害児通所支援・障害児入所施設の概要」
- 東山紘久『プロカウンセラーの聞く技術』創元社, 2000.
- ヒル, C.E.　藤生英行（監訳）　岡本吉生・下村英雄・柿井俊昭（訳）『ヘルピング・スキル―探求・洞察・行動のためのこころの援助法― 第2版』金子書房, 2014.
- 井上雅彦『家庭で無理なく楽しくできる生活・学習課題46 ―自閉症の子どものためのABA基本プログラム―』学研プラス, 2008.
- 行動・教育コンサルティング[BEC]（編）上村裕章・吉野智富美（著）『発達障がい ABAファーストブック：家族の体験記から学ぶ』学苑社, 2010.
- 相川充・佐藤正二（編）『実践！ソーシャルスキル教育 中学校：対人関係能力を育てる授業の最前線』図書文化社, 2006.
- 上林靖子（監修）北道子・河内美恵・藤井和子（編）『こうすればうまくいく発達障害のペアレント・トレーニング実践マニュアル』中央法規出版, 2009.
- 一般社団法人日本発達障害ネットワーク（JDDnet）『ペアレント・トレーニング支援者用マニュアル』, 2021.

索引

執筆者一覧

[編著]

二本柳 覚（にほんやなぎ・あきら）　　第3章16〜23・26〜28・30〜32／第4章
京都文教大学臨床心理学部臨床心理学科・講師

[著者（執筆順）]

宮地 さつき（みやち・さつき）　　第1章
文教大学人間科学部人間科学科・講師

田村 晴香（たむら・はるか）　　第2章
名古屋大学大学院医学系研究科・総合保健学専攻博士後期課程

中嶋 麻衣（なかじま・まい）　　第3章01〜15・24・25・29
高田短期大学子ども学科・助教

長谷川 風花（はせがわ・ふうか）　　第5章01
株式会社グランディール・放課後等デイサービスあさひKids倶楽部竹田

辻井 志織（つじい・しおり）　　第5章02
社会福祉法人白百合学園・しらゆりフレンドリークラブひがしなだ
児童発達支援管理責任者・主任

榊原 利絵子（さかきばら・りえこ）　　第5章03
社会福祉法人十愛療育会・横浜医療福祉センター港南・生活支援部長

内田 貴也（うちだ・たかや）　　第5章03
社会福祉法人十愛療育会・横浜医療福祉センター港南・生活支援課長

児童養護施設・子供の家　　第5章04
自立支援担当職員

上松 幸一（うえまつ・こういち）　　第5章05
京都先端科学大学人文学部心理学科・准教授

江上 弘晃（えがみ・ひろあき）　　第5章06
神戸大学附属特別支援学校

上田 紗津貴（うえだ・さつき）　　第6章01・02・10〜13
京都文教大学臨床心理学部臨床心理学科・助教

鈴木 孝（すずき・たかし）　　第6章03〜09
京都文教大学臨床心理学部臨床心理学科・助教

図解でわかる障害児・難病児サービス

2023年11月20日　初　版　発　行
2024年 4 月20日　初版第 2 刷発行

編　著　　　二本柳 覚
発行者　　　荘村明彦
発行所　　　中央法規出版株式会社
　　　　　　〒110-0016　東京都台東区台東3-29-1　中央法規ビル
　　　　　　Tel 03(6387)3196
　　　　　　https://www.chuohoki.co.jp/

印刷・製本　　日経印刷株式会社
装幀デザイン　二ノ宮匡（ニクスインク）
本文・DTP　　日経印刷株式会社
イラスト　　　大野文彰

見てわかる　読んでナットク！　図解シリーズ

好評
既刊

図解でわかる
障害福祉
サービス
二本柳 覚=編著

障害者総合支援法から
サービスの使い方、
障害者の生活を支える制度まで

見てわかる
読んでナットク！
障害福祉の超入門!!

二本柳覚＝編著　2022年5月刊行
定価　本体2,200円
ISBN978-4-8058-8712-7

図解でわかる
精神疾患
とケア
対人援助職のための
植田俊幸
田村綾子

精神科領域の基礎、
疾患や障害の知識から
ケアの具体的な内容まで

見てわかる
読んでナットク！
精神疾患とケアの
超入門!!

植田俊幸・田村綾子＝著　2022年7月刊行
定価　本体2,200円
ISBN 978-4-8058-8737-0

イラストでわかる
コミュニケーション
と
対人援助職のための
須藤 昌寛
面接技術

クライエント・家族・他職種・職場内、
7つのスキルで
コミュニケーションが
円滑になる！ 20事例収載

見てわかる
読んでナットク！
面接技術の超入門!!

須藤昌寛＝著　2022年6月刊行
定価　本体2,200円
ISBN 978-4-8058-8715-8

新刊
図解でわかる
認知症の
知識と制度・サービス
石原哲郎

診断からケア、生活を支える制度まで
認知症とともに
生きるためのヒント

見てわかる
読んでナットク！
認知症の入門書!!

石原哲郎＝著 2023年10月刊行
定価　本体2,200円
ISBN 978-4-8058-8954-1

続刊予定

[2023年11月刊行予定]
●図解でわかるソーシャルワーク
●図解でわかる臨床心理学

[2023年12月刊行予定]
●図解でわかるサビ管・児発管のお仕事

[2024年1月刊行予定]
●図解でわかる成年後見制度と権利擁護のしくみ

[2024年3月刊行予定]
●図解でわかる発達障害

[2024年6月刊行予定]
●図解でわかる介護保険サービス